A TROUT IN THE MILK
ミルクの中のイワナ

WHOLE UNIVERSE
PUBLICATIONS

OLIVE

BLACK

CONTENTS

COVER PHOTO | 佐藤成史（表1, 表2カバー袖）
知来 要（表3カバー袖）

夜明けを待たず、沢の音を頼りに闇を泳ぎ、
冷たい水の世界へと足を踏み入れる。

さっきまでの静寂な里から一変し、
轟々と鳴り響く川の中で夜明けを待つ。
だんだんと水や森の音が、溶け込むように
自分の心臓の音とリズミカルにシンクしていく。
やがて世界は色付いてきた。
目が慣れてきたのか、夜が明けたのかはわからない。
その異界との境界線。水流が複雑に交差して澱む岩陰。
釣竿と糸が弧を描く。
水面に広がる波紋が同化していく瞬間——

「バシャッ」

深山幽谷に息づくイワナは、多くの謎に包まれている。
地域ごと、川ごとに斑点や斑紋といった形態が変異に富むのはなぜか。
狭小な源流部に棲み、冷たい水を好むのはなぜなのか。
その答えを知る手がかりは、イワナに関するひとつの定説にある。
それは、イワナが氷河期に日本にやってきた魚の生き残りだということ。

かつて氷期に地球全体が冷えて海水温が低下すると、それに乗じて北方の海から南下して日本にたどり着く魚が現れた。

彼らは産卵のために川に遡上する習性があったので、その習性に従って川と海を行き来する生活を繰り返していたが、

約一万年前に間氷期に突入して海水温が上がると、

ふるさとに帰れずに日本に取り残されたものたちがいた。彼らは暑さから逃れるために山奥のせまい源流部へと逃げ込むと、長い年月をかけて川ごとに独自の進化を遂げていった——

イワナをただの魚ではないと考える釣り人が多いのも頷ける。人智を超えた時間軸で生きる、この帰りそびれた旅行者は生命の秘密を背負った、はるか遠い存在なのかもしれない。

古くから日本人とイワナは深い関わりを持って生きてきた。
山村部に暮らす人間にとってイワナは貴重なタンパク源であり、
マタギや職漁師たちが滝上に放してきたという逸話も残されている。
それに各地の民話や伝承にも、イワナは乱獲を戒める象徴として度々登場する。

そんなイワナのいる日本の原風景が、いま危機に直面している。
昔の山を知る者は、かつてあの沢には溢れんばかりの魚影があったと嘆き、
研究者たちは各地でイワナの原種が失われつつあると警鐘を鳴らす。
いったいイワナを取り巻く環境に何が起こっているのだろうか。

十九世紀のアメリカの作家ヘンリー・デヴィッド・ソローは
「A Trout in the Milk（ミルクの中の鱒）」という言葉を
〝状況証拠の確かさ〟を表す比喩として手記の中で使っている。
その由来はこうだ。かつて牛乳の出荷量をかさ増しするために、
ミルク缶ごと沢に入れて生乳を薄める酪農家がいると噂されていたが、
ある日ミルク缶の中から鱒が見つかったことが〝動かぬ証拠〟となった——

ダムや堰堤といった開発や乱獲、
養殖魚の放流、そして温暖化……。
これだけの状況証拠が揃っているのに、
誰もが真相探しに躍起になっている。
映画『ミルクの中のイワナ』は、
研究者や漁業協同組合、釣り人らの証言から
イワナを取り巻く諸問題を明らかにしていく
サイエンスドキュメンタリレだ。

十二人の証言者が語る状況証拠が明らかにしたのは、
イワナは人間社会が抱える問題の
メタファーでもあるということだった。
「種を守るということはどういうことか？」
本作のテーマでもあるこの問いの答えを考えることは、
日本人が忘れてしまった自然との関わり方を
取り戻すことなのかもしれない。

出演

中村智幸〈国立研究開発法人水産技術研究所〉

森田健太郎〈東京大学大気海洋研究所 教授〉

芳山拓〈神奈川県水産技術センター 技師〉

佐藤拓哉〈京都大学生態学研究センター 准教授〉

Photograph by Thirai Yo

1

CHAPTER 1
Holdover from the Ice Age

CHAPTER 2
Unexplored Regions

CHAPTER 3
Morphology of the Trout

CHAPTER 4
Circulation in Creatures

CHAPTER 5
Vanishing Biodiversity

国際イワナ学会というのが何年かに一度あるんですけども、
ノルウェーの研究者がある論文を書いたんですね。
北極イワナが脊椎動物の中で最も多様な種である。 確かにそうだと思うんですね。
それぐらいイワナ属という魚類で見ると本当に多様な生き物だと思います
——森田健太郎

第1章 氷河期のわすれもの

――イワナは氷河期に日本に取り残された魚？　日本に何種類いるのか、なぜ川ごとに斑点の色やパーマークが違うのかもまだはっきりわかっていない謎多き魚。

中村智幸　イワナの仲間は世界中、特に北半球の北の方に広く分布している。日本に生息するイワナには大きく分けて二種類いて、ひとつが普通に言われるイワナです。もうひとつが北海道に生息するオショロコマ、これもイワナの仲間になります。分類学的にはイワナもヤマメ、アマゴもサケの仲間で、サケ科の魚ですけども、イワナはイワナ属、ヤマメとアマゴはサケ属の魚になります。種としてはイワナ、その種の下に四つの亜種があると言われています。

森田健太郎　イワナの分布の南限は奈良県と言われていて、日本に棲むイワナは北海道を含む主に北日本の各地に棲んでいます。それはおそらくイワナの祖先種となるものが、日本海がまだ湖だった頃に今の日本のイワナに分化したんだと思います。東北の北の方から北海道に生息している海に降る降海性を持つイワナのことをアメマス、東北から本州中部にかけて分布するニッコウイワナ、太平洋側に生息するヤマトイワナ、山陰地方に生息するゴギという四つの亜種がいて、斑点の色によって分けられています。本州だと川ごとにパーマークの形が特徴づけられていて、川内でパーマークの形がほとんど同じになっているのはおそらく遺伝的に集団が非常に小さくて血が濃いということ。

芳山拓　北アルプスなどの水が湧き出ているだけのような沢にもイワナはいるわけですけど、そういうところにはヤマメとかは棲めないわけです。イワナの方がヤマメに比べて適応できる環境が広かった。だけど冷たい水じゃないと棲めなかったため、いろんなところに取り残された。その結果、独自の進化を遂げたグループがいたるところにできたというようなことではないかなと思っています。

森田　イワナがいったい何種類いるのかというのはまだ研究が進んでいる最中なんです。イワナというのはいろんな川に棲んでいて、川ごとに異なるというのはわかっているんですけど、亜種ごとにきれいに遺伝的に別のグループになってるかといえば、そこは必ずしもきれいに分かれないということも言われています。

「長い進化の歴史の中で、氷河期の到来とともにイワナを含めてサケ科魚類というのは南の方に生息域を移していき、氷河期が終わってまた北に戻っていく中で取り残された連中がいた。特にイワナの中で取り残されたものが結構いて、独自に進化した固有の魚と言われているんです――芳山拓」

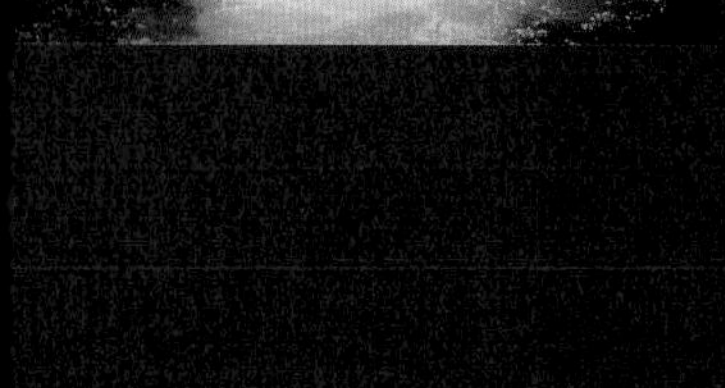

第2章

秘境への誘い

——源流域の冷たい水に棲むイワナは、本当は流れがゆるいところを好む魚?

中村　一般的にはヤマメやアマゴが河川の上流部に生息していて、イワナがいるのはそのさらに上。ヤマメやアマゴと比べて、水温が低くて流量が少なく、急勾配な場所であってもイワナは生息できます。

佐藤拓哉　イワナはもっと源流域でその場所で耐え忍ぶような感じで生きている感じなのかな。源流に来ると大きな淵があってあんまり留まれない瀬があってすぐまた大きな淵があって、「ステップ・プール」と言うんですけど、そういう繋がっている中のドボンとしたところにイワナが必死に耐え忍んで生きているみたいな。

森田　イワナというと山の上流の水が冷たい渓流に棲んでいるイメージがありますが、北海道では水温が低いので平野部でもイワナは見られます。激流の魚というようなイメージを持つ方もいますが、実際は山の上流の流れがゆるいところに棲んでいる魚です。上流に行けば行くほど流速というのは速くなるイメージがあるんですけれど、実はそうではなくて、イワナが棲んでいる本州の段々になっている渓谷だと流れが複雑になって、流れが淀んでいる場所がけっこう増えるんです。イワナは流れがないところでも定位できるし、胸ビレを使ってバックとかもするんですね。泳ぎが苦手というわけではなくて、流れがないところでも泳げるのがイワナ。一方ヤマメは流れがないとダメなんです。プロポーション的にホバリングが得意じゃない。マグロが流れがないと死ぬのと同じです。

「私の個人的な感想ですけど、ヤマメまでは魚なんですけど、イワナは何か魚じゃなくてケモノに近いような気がして、哺乳類に近いような——中村智幸」

第3章

イワナの多様な生活史

——イワナは獰猛で悪食? ヘビやネズミまで、動いていて口に入るものなら何でも食べるイワナの食性。

森田　紅葉の季節にイワナの繁殖が行われます。北海道の方が若干早くて、本州南部に行くとちょっと遅くなる。でも十月から十一月ぐらいが多いかと思います。卵は礫の中に産み落とされるんですけど、冬に孵化した稚魚は、春先までは卵の栄養を使って礫の中で暮らします。春先になると卵黄の栄養をすべて使った後、礫の中から出てきて浮上するような状態になります。当歳魚(その年に産まれた一歳未満の魚)は模様が少し違うんです。背中のパーマークの色が強く、上から見ると砂利に擬態しています。春に産まれてきた稚魚がだいたい五月か六月ぐらいに一気に成長し、秋ぐらいになるとちょうど一年で六センチとか七センチぐらいになります。二年目になると十五センチぐらいになるものが出てきて、早いものは二年目から成熟して繁殖に参加します。

中村　食べるエサなんかは似通っています。水生昆虫や陸生昆虫、サンショウウオなんかも時々食べたり。

森田　動いているものであれば、そして口の中に入る大きさのものであれば何でも食べると思います。それこそヘビだとかネズミだとかも。苔とか藻といった植物性のものは食べないので動物性のものに限られますが。具体的に言うと水生昆虫、カゲロウとかカワゲラの幼虫ですね。それ以外によく食べるものとしては、森から落ちてくる甲虫ですとかバッタとかですね。彼らの胃内容物を調べると、かなりの割合で水中に暮らしているエサではなく森から落ちてくる陸生のものに依存しているということがわかります。

第4章
生物たちの循環

—イワナの生育に重要な役割を果たし、森と川の環境をつなぐハリガネムシ。海と川を行き来し、五十センチにも成長するアメマス。生物たちの循環の一部を担うイワナの不思議。

佐藤 紀伊半島に昔からいて、世界で一番南に棲んでいるイワナに「キリクチ」というのがいて、僕は紀伊半島の川でキリクチが食べているものを調べてきました。お盆を過ぎて秋ぐらいになると、キリクチというキリクチがカマドウマという虫を食べていることがわかった。カマドウマには翅がないので、飛んできてアクシデントで川に落ちるのは考えにくい。その時に一緒に食べているものを見ると、ヒモみたいな寄生虫のハリガネムシが一緒に出てきたんですよ。ハリガネムシは寄生した森の虫を操作して、川に飛び込ませて一生を終えるんですけど、そうすることで森の虫の大きいのが川に運ばれて、それをキリクチとか渓流魚が食べて太っていく。普通寄生虫なんてみんな「気持ち悪い」とか言うと思いますが、そういう生き物でも生態系の中で森と川の環境をうまく繋いで、僕らが大好きな渓流魚を育む重要な役割を果たしているんです。

森田 アメマスっておもしろい魚で、場所によって暮らしぶりが違うんです。函館の方で調査していた時は、海に降るまでは本州のイワナのように結構動かないで同じ場所で暮らしてるんです。海に降るのは三年目の春、海水適応できるようにスモルト化（銀毛化）という変態をして海に降っていきます。海に行くとエサが豊富で大きくなれる。海洋生活期間中の成長率というのは河川と比べても全然違います。川に残って成熟するイワナは、大きいのは尺イワナといって三十センチになったりもするんですけれど、だいたい十五センチから二十センチぐらいで成熟するものが多いんです。一方、海に降ると四十センチや五十センチには達することができます。

サケ科の魚が海に降るのは大きくなることが目的なんです。魚の場合、より多くの子孫を残すことはたくさん卵を産むことです。メスの場合は体が大きくなればなるほど卵の数が

増えるんですね。体長と体重の関係って三乗に比例するんですけれども、体サイズが大きくなれば三乗で卵の数が増えるので、メスにとっては少しでも体が大きくなった方がより多くの子孫を残すことができる。一方オスの場合は、体サイズが大きくなったとしても繁殖の時に多くの子孫を残すのに有利かというと、そうでもない場合が多い。必ずしもではないですが、アメマスの場合は海に降りるのはメスの方が多くて、メスの方がより大きくなることが多いんです。

中村 ヤマメやアマゴはサケの仲間でサケに近いので、メスの場合二歳で成熟して卵を産んで死んでしまう個体が多い。一回目の産卵でも死ななくて生き残るヤマメやアマゴも結構いるんですけども、それに対してイワナも当然一回の産卵で死んだりしません。二回目も三回目でもあまり死なないので、その分イワナの方が長生きします。

森田 寿命的にはイワナの年齢査定って高齢になると難しいんです。あと、水温が低いところだと高齢まで生きることもあるので難しいんですけれども、十歳くらいまで生きるものもいます。

第5章 失われゆく生物多様性

――異なる地域のイワナや養殖魚が放流されたことによって、遺伝的に純粋なイワナが減ってしまっている。それの何が問題なのだろうか。

佐藤　キリクチが絶滅しかかっていて、その原因を調べていくと、紀伊半島ではイワナは幻の魚みたいに言われていたから昔ニッコウイワナを大量に放流した時期があった。それがキリクチとすぐに交雑してしまってどんどん下流から消えていった。川の上流に行けば行くほどキリクチっぽい色彩を残すようなイワナが釣れていくんだけど、そのまま源流まで行ってしまって…。本物のキリクチが消えている川がほとんどという現状に直面したんです。

中村　イワナなどの渓流魚を増やそうとする場合、漁業協同組合さんが主に養殖魚を放流します。養殖魚というのは放流先の川にいるイワナと遺伝子の組成が違うので、養殖魚を放流するとそれぞれの川固有の遺伝子を持っていたイワナと放流された養殖魚が交配して遺伝子が変わるので、川ごとに適応した性質が薄れる可能性があるんですね。川固有の遺伝子を持っているということは、それぞれの川の環境に適応してきてるということなんです。そうすると、長い目で見るとせっかくいるイワナの数が減っていく可能性もあります。そういった点でやはり理想としては、それぞれの川固有の遺伝子を残していた方がいい。

森田　川ごとの固有性とかいろんな亜種がいるというのがイワナの特徴なんですけれども、異なる地域のイワナとか養殖魚が放流されたことによって遺伝的に純粋なイワナが減ってしまっている。ひと言でいうと「遺伝的多様性の減少」です。地域の固有性というのは遺伝的多様性の基盤となる大きな要素なんですけれども、どこも同じようなイワナになってしまう。イワナに限らず人間の生活を見てもそうだと思うんです。どこの町も均一化していっている。生物多様性、地域の固有性ということに関して、移植放流は大きな問題、リスクになっていると思います。

「紀伊半島ではイワナは幻の魚みたいに言われていたから昔ニッコウイワナを大量に放流した時期があった。それがキリクチとすぐに交雑してしまってどんどん下流から消えていった――佐藤拓哉」

中村智幸

国立研究開発法人 水産研究・教育機構水産技術研究所

1963年信州・伊那谷生まれ。地元の渓流でイワナ・アマゴを追う少年時代を経て、渓流魚の生態と増殖方法を研究する生活に入る。渓流魚の人工産卵場を造成する技術を国内で初めて開発。都道府県や漁協、釣り人からの相談や講演依頼で全国各地を飛び回っている。東京水産大学大学院水産学研究科博士後期課程修了。水産学博士。

森田健太郎

東京大学大気海洋研究所海洋生物資源部門教授

1974年大阪生まれ、奈良県出身。2002年北海道大学大学院水産科学研究科博士課程修了。水産研究・教育機構北海道区水産研究所および北海道大学雨龍研究林の勤務を経て、2022年より現職。サケ科魚類の生活史や個体群の保全について研究している。日本生態学会「宮地賞」、「生態学琵琶湖賞」、日本生態学会「大島賞」、「水産学進歩賞」を受賞。

芳山拓

神奈川県水産技術センター技師・水産博士

1991年神奈川県生まれ。北海道大学大学院在学時に，然別湖と朱鞠内湖をフィールドに，ミヤベイワナやイトウを対象に魚類資源や釣り人について各種調査を行い，釣りを核とした希少魚の保全と地域振興を両立するための資源管理論について研究。2018年3月に博士号を取得。現在は神奈川県水産技術センターに勤務。

佐藤拓哉

京都大学生態学研究センター准教授

1979年大阪府生まれ。在来サケ科魚類の保全生態学および寄生者が紡ぐ森林-河川生態系の相互作用が主な研究テーマ。ブリティッシュコロンビア大学森林学客員教授、神戸大学大学院理学研究科准教授などを経て、2021年10月より現職。日本生態学会「宮地賞」をはじめ、「四手井綱英記念賞」「笹川科学研究奨励賞」「信州フィールド科学賞」などを受賞。

イワナとは――

イラスト＝藤岡美和　文＝若林輝

イワナとはどのような魚なのか？
映画をより深く理解するために、
知っておきたいイワナのプロフィール。

渓流釣りの人気者

「岩魚」という名の通り、イワナは岩がゴロゴロした渓流で暮らしている魚。同じ渓流魚でも「渓流の女王」と称されるヤマメ（山女魚）が女性的であるのに対し、どことなく男性的な雰囲気を感じさせる。古くは「岩穴魚（いわあなうお）」が転じたとする説もある。確かにイワナは岩の穴によく潜る。

イワナはヤマメやアマゴとともに、渓流釣りの人気者。餌釣りのほか、毛バリを使うテンカラやフライフィッシング、金属やプラスチックの擬似餌を使うルアーフィッシングでねらうことができる。大自然の緑に抱かれながら竿を振り、清らかで透明な水から美しい魚体が現れる瞬間は、なにものにも変えがたい魅力に溢れている。

イワナの原種はほとんど残っていない

砂防堰堤や河川改修などの開発や水質悪化による生息域の分断や縮小、移植放流魚との交雑、そして釣り人による過剰な漁獲圧などにより、イワナの原種は大きく数を減らしてしまった。失ったら二度と取り戻せない彼らをどう守るのか？　種の保全は、映画『ミルクの中のイワナ』のメインテーマとなっている。

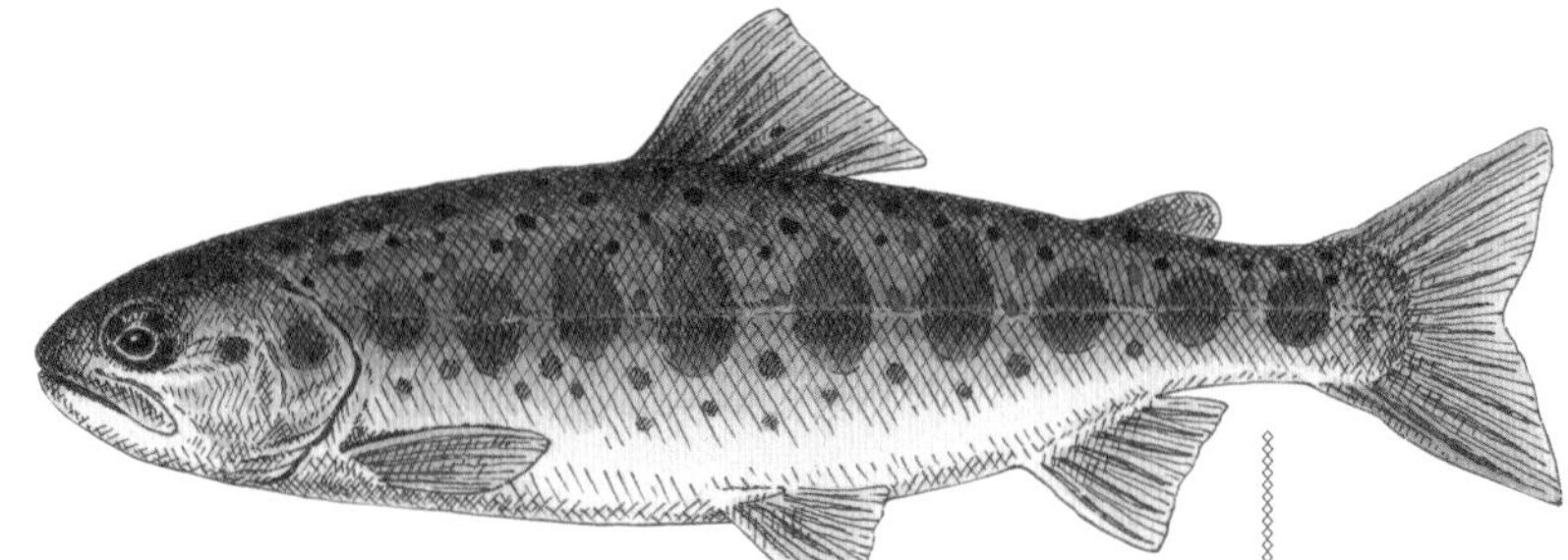

アマゴ *Oncorhynchus masou ishikawae*

中部太平洋側・瀬戸内海流入河川・九州南東部などに棲む20cm前後の渓流魚。
体側の赤い点でヤマメと区別することができる。

サケ属

サケ科魚類の1グループ。サケやキングサーモン、ベニザケも同じグループ。多くは川と海（太平洋）を行き来する。

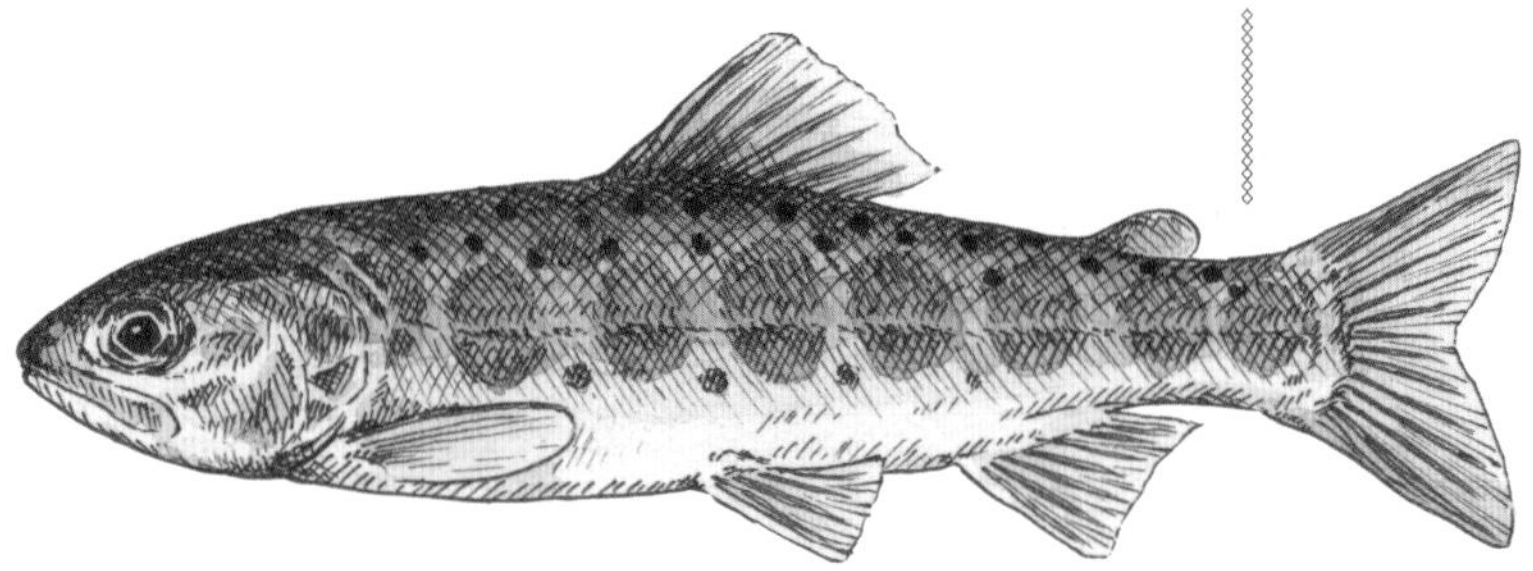

ヤマメ *Oncorhynchus masou masou*

北海道・本州・九州に広く生息する渓流魚。パーマークと呼ばれる小判型の斑紋が美しい。
海に降るとサクラマスと呼ばれる。

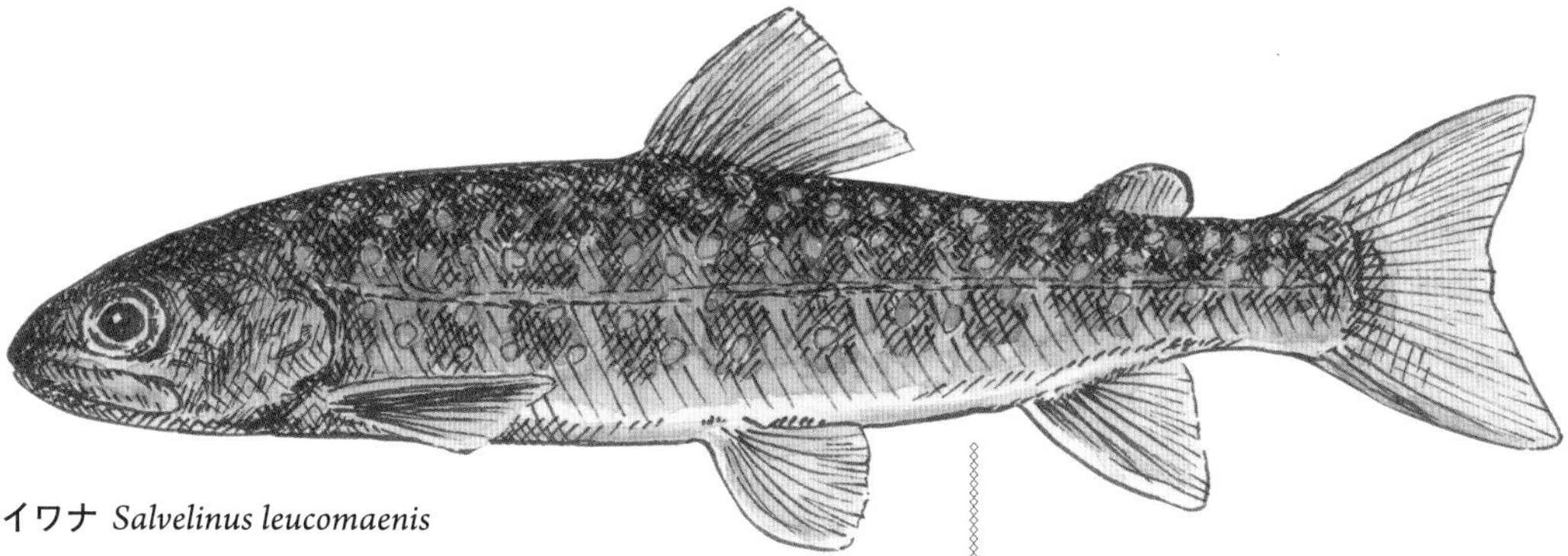

イワナ *Salvelinus leucomaenis*

渓流では大きなもので30cmほど。地域によって様々な色の斑点を持つ。この本でも「イワナ」と言えば、この魚を指している。

イワナ属

サケ科魚類の1グループ。日本にはイワナとオショロコマの2種がいる。ほかのサケ科魚類以上に冷たい水を好む。

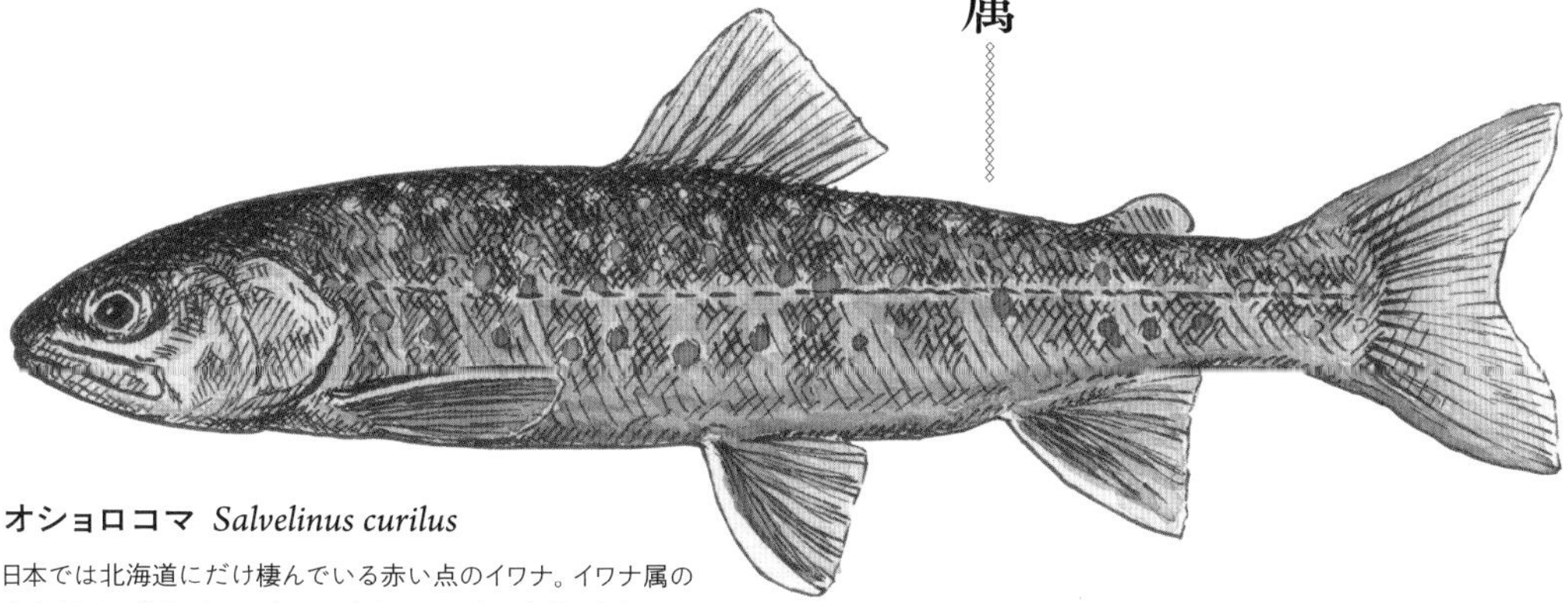

オショロコマ *Salvelinus curilus*

日本では北海道にだけ棲んでいる赤い点のイワナ。イワナ属の魚をまとめて「イワナ」と呼ぶことも多く、その時は本種も含まれる。

冷たい水でしか生きられない。実は北極海からやってきた⁉

イワナは冷たい水を好む。なぜならイワナの祖先は元々、北極海やベーリング海あたりに生まれ、氷河期に冷たい海を伝って日本にやってきた。海や川が温かくなった今の時代、日本のイワナは水の冷たい山岳部に逃げ込んだ。北海道など涼しい地域では、今でも海と川を行き来している。

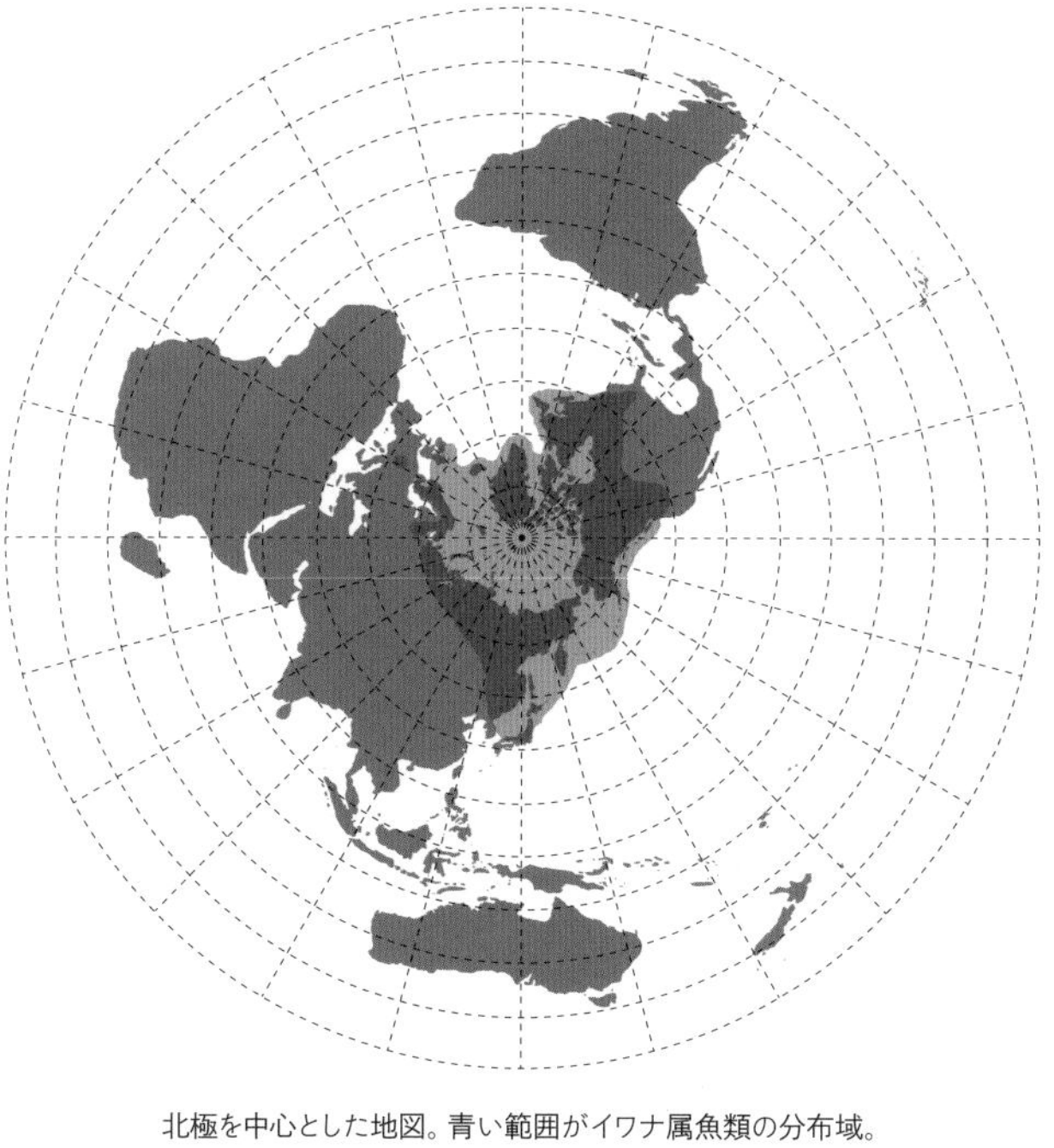

北極を中心とした地図。青い範囲がイワナ属魚類の分布域。
日本列島が最南限であることがわかる。(『鮭と鰻のWEB図鑑』を一部改変して作成)

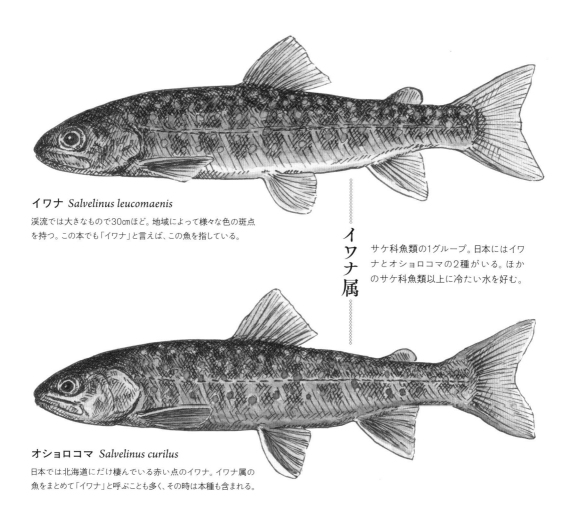

多彩なる一族

イワナは分布域や体色により四つの亜種（種よりも細かなグループ）に分けられている。実際にはそれぞれの中間タイプもいて、明確に分けることは難しい。

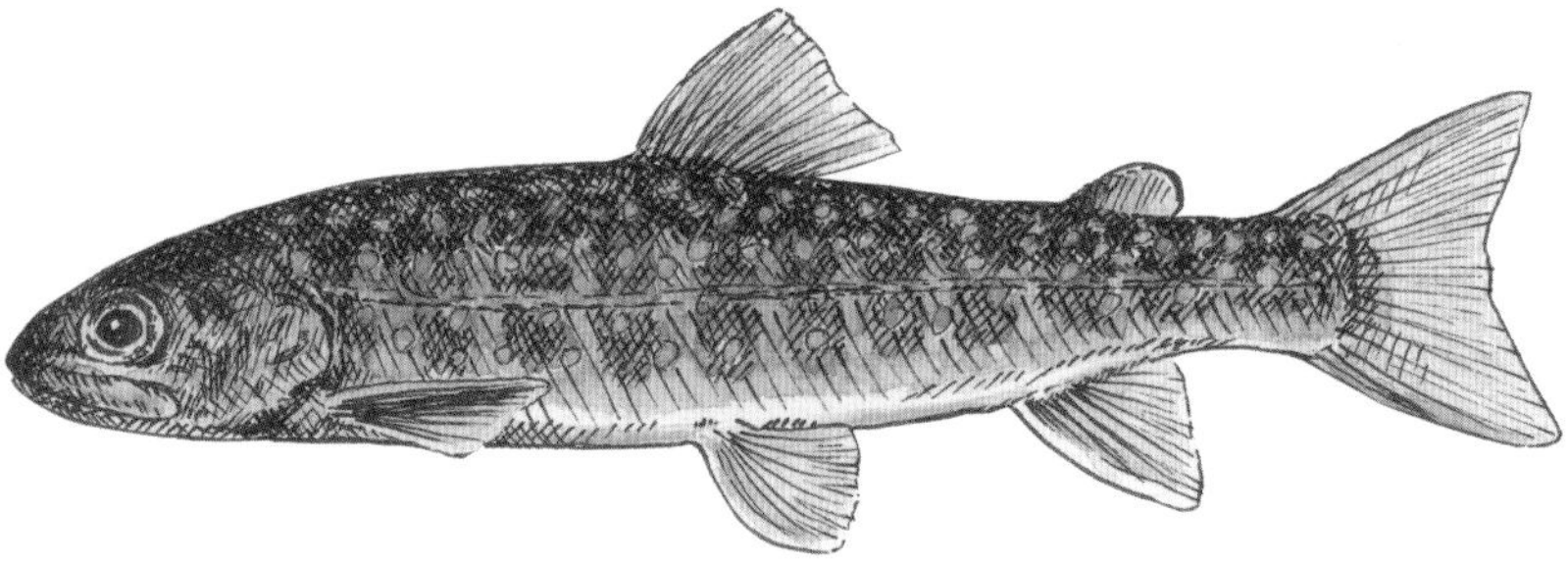

ヤマトイワナ *Salvelinus leucomaenis japonicus*

本州中部の太平洋側に注ぐ河川や紀伊半島などに生息する、赤い点を持つイワナ。白点がないか、あってもわずか。分布の最南限は奈良県。

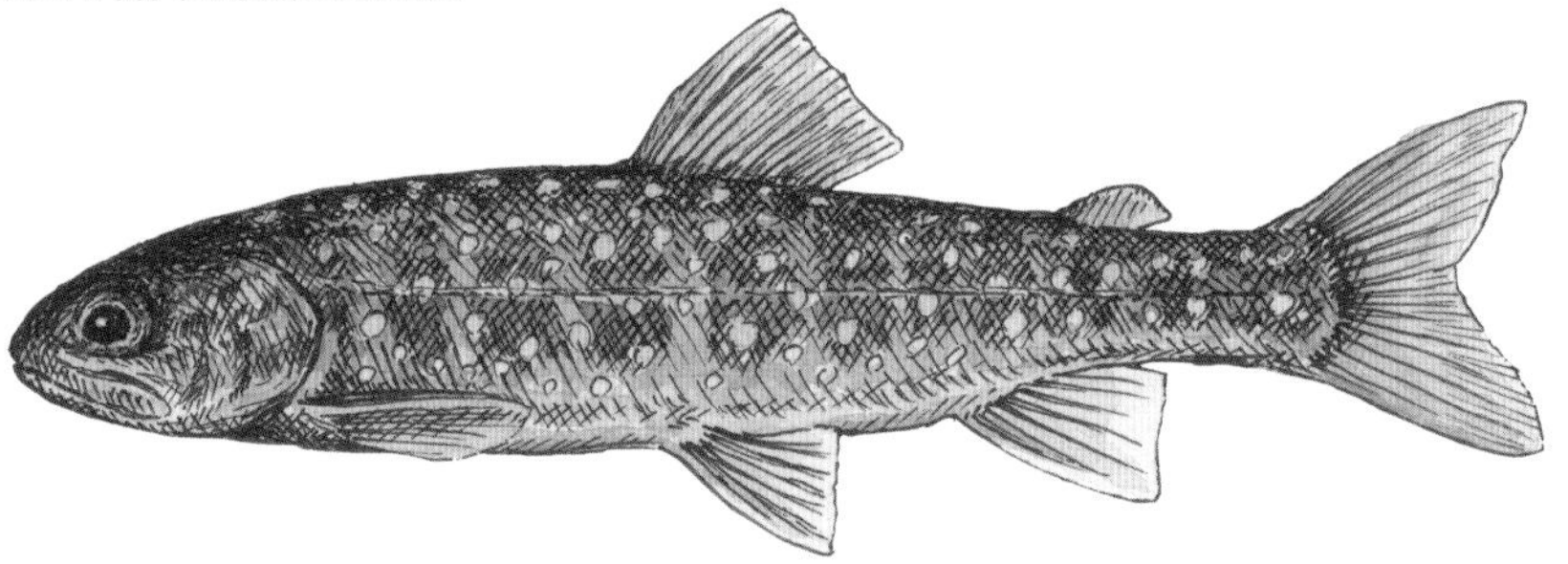

ニッコウイワナ *Salvelinus leucomaenis pluvius*

北関東・中信越を中心に広く生息する、黄色やクリーム色、オレンジ色の点を持つイワナ。白点を持つものもいる。

最新のDNA解析で学説が変わる？

最新のDNA解析で、四亜種それぞれが独立した遺伝グループであるとは言い切れないことがわかった。本州では太平洋側と日本海側で遺伝的に大きく離れているほか、大きく五つの遺伝グループに分けられるとされており、グループをまたぐ移植放流は極力控えるべきとされている。

日本産イワナ属魚類の分布図。
移植分布域以外は天然魚（原種）の生息する自然分布域を示すが、自然分布域の多くの川でも移植放流は行われている。
（『鮭と鰻のWEB図鑑』を一部改変して作成）

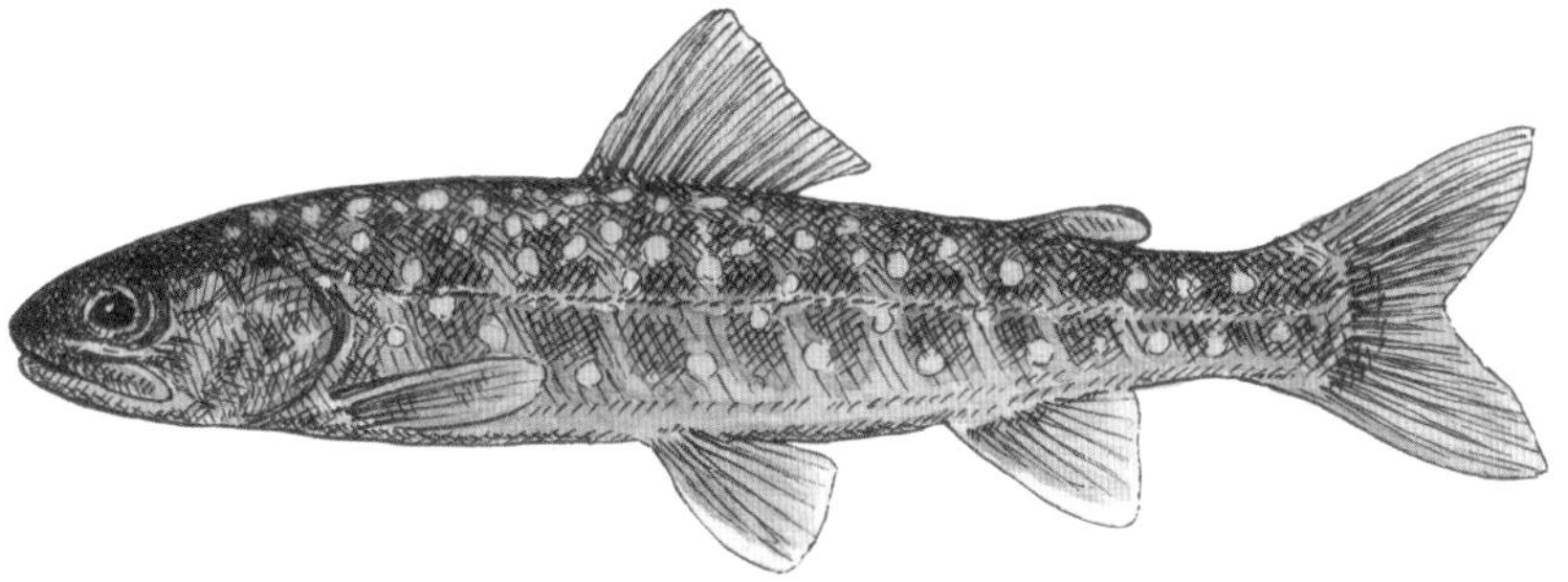

アメマス *Salvelinus leucomaenis leucomaenis*

体に白点が散り、赤色や黄色の斑点がないイワナ。北海道では海にも降る。
川にいるときはエゾイワナとも呼ばれる。

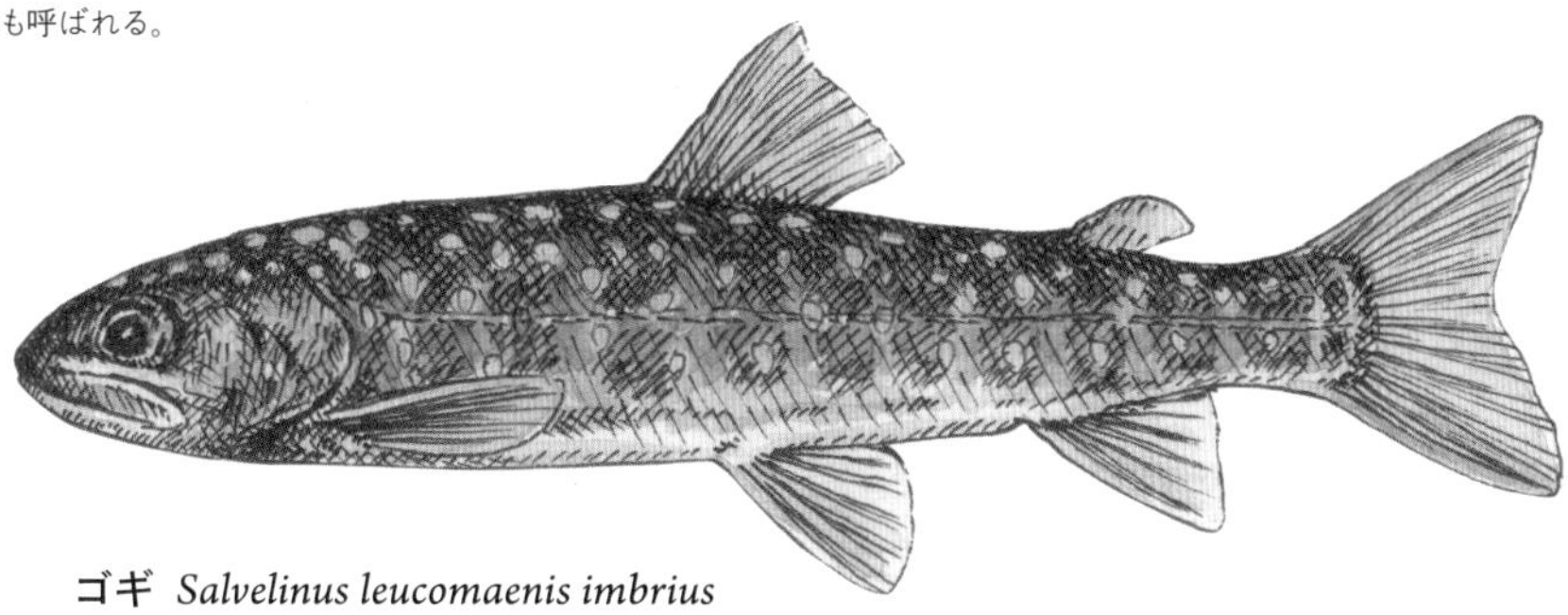

ゴギ *Salvelinus leucomaenis imbrius*

頭の白点や虫食い模様が特徴。中国地方、主に山陰に局所的に分布。
名前の語源は韓国語の「魚」に由来するとも言われている。

元々いなかった場所にも移植されている

古くは食料確保のために、元々いなかった魚止めの滝上に移植され、そこは限られた人のみが知る「隠し沢」とも呼ばれた。明治時代より、養殖技術が発達すると、元々いなかった場所への移植放流が盛んに行われた。現在も主に釣りの対象魚として、各地への移植放流が繰り返されている。移植放流された魚は天然魚に比べて生き残りづらいことや、交雑で天然魚の遺伝的特性が失われてしまうという問題が指摘されている。

海に降って大型化するものも

海水温の低い北海道や北東北では、アメマスの一部が海に降って大型化する。七十センチを超えることもあり、海でこれをねらう「海アメ」釣りも一部地域で人気。海に降るものを「降海型」、川で一生を終えるものを「河川残留型」と呼ぶ。内陸部にはダム湖を海の代わりとして大型化するイワナもいる。

イワナの世界最南限は紀伊半島に

紀伊半島で「キリクチ」と呼ばれるヤマトイワナは世界最南限のイワナ属魚類。過去には和歌山県にも自然分布の記録はあるが絶滅したと言われており、現在では奈良県が最南限とされる。限られた細流で細々と命を繋いでいる。

イワナの呼び名

山陰などの「タンブリ」(谷掘り?)や、滋賀などの「イモウオ」(芋魚?)など、各地にはさまざまなイワナの方言が残る。また、東北には「ユワナ」と転化する地域も多い。古書などには漢字で「嘉魚」や「鮇」と記されることもある。英語ではイワナ属の魚を「チャー(charr)」、ロシア語ではアメマスを「クンジャ」と呼ぶ。日本各地のイワナの呼び名については鈴野藤夫の『魚名文化圏〈イワナ編〉』に詳しい。呼び名は生き物と人間の交渉の産物。地方名からイワナがかつて各地でどのように思われていたのかを探るのも面白い。

イワナの生き様

「本来彼らが積み重ねてきた生き様というものを守る。それをしなきゃだめだと、それをしたいなと思います――森田健太郎」

映画『ミルクの中のイワナ』で
森田健太郎が語った「生き様」という言葉には、
どのような思いが込められているのか。
作品をより深く理解する入り口として、イワナを知り、
森田がこの言葉を選んだ意味を考える。

文・写真＝若林輝

◉森田が語った象徴的な言葉

「イワナをどのように守るのか？」端的にいえば映画『ミルクの中のイワナ』とは、この問いに対する手がかりを私たちの目前に差し示した作品である。多くの印象的な言葉が耳に残るなか、クライマックスで日本のイワナ研究の第一人者である森田健太郎が語った次の言葉は、この映画を考える上で、特に象徴的なものだ。

—

「種を守るっていうのはどういうことかってことなんですよね。DNAを守るだけじゃなくて、本来彼らが今まで積み重ねてきた生き様というものを守る。それをしなきゃだめだと、それをしたいなと思います」

—

イワナを守るには、DNAだけではなく生き様を守らねばならないと森田は語る。DNAとは言い換えれば種固有の遺伝情報。二十分間に一種が絶滅するとも言われる人新生の今、失えば取り戻せない固有のDNAを保存することは、種を守る上で必要不可欠だ。

では生き様を守るとはどのようなことか？

一般的に「生き様」とは人に対して使われる言葉である。人が自ら選び取った生き方や、人生観を貫いて生きる姿を「生き様」と呼ぶ。極めて人間的な表現だ。森田の趣味は水中撮影で、数々の個性的なイワナの模様や表情を写真に納めている。イワナは研究対象でありながら愛しむ相手。ならば、イワナを擬人化した言葉が森田の口を衝いたのは、情緒からなのか。各々のイワナにはそれぞれ自由に生きる権利がある、とでも言うように。

だが森田は科学者だ。生きものの生活史を解き明かす生態学者にとって、研究対象の安易な擬人化は、戒められるべき初歩の中の初歩である。だとすればやはり、森田はあえて「生き様」という言葉をイワナにあてた。その真意とは……。

はじめに断っておくが、ドキュメンタリー作品における言葉とは、それ自体が観る者にどう受け止められるかがすべてであり、それ以上の意味はない。考える余白が残されていれば、「余白」こそが意味だろう。

ここに書きたいのは、森田が「なにを伝えようとしたのか」ではなく、「なぜこの言葉を選んだのか」と思考をめぐらせるための背景となる知識。それは言い換えれば、森田をはじめ、多くの人を惹きつけてやまないイワナをもっと知るということだ。

◉最も多様な脊椎動物

イワナを知る上で外せない特徴のひとつに、彼らの生き方の多様性がある。作品の冒頭で、森田は次のように語る。

—

「ノルウェーの研究者がある論文を書いたんですね。ホッキョクイワナが脊椎動物の中で最も多様な種であると。確かにそうだと思うんです。それぐらいホッキョクイワナは生活史が多様です」

—

イワナの仲間（イワナ属）は北太平洋からオホーツク海、ベーリング海、そして北極海まで、広く北方の海に分布する。極めて冷たい水を好む魚である。なかでもホッキョクイワナはその名の通り、北極海を中心に分布する北限のイワナであり、他の魚種が生きられない空間で独占的に分化を遂げてきた。進化論で有名なダーウィンが、ガラパゴス諸島で見たさまざまなクチバシを持つフィンチのように、ホッキョクイワナは冷水のなかで、多様な空間に入り込み、バリエーションに富んだ生活史（Life history＝生まれてから死ぬまでの生活過程）を獲得してきた。例えばアイスランドの湖には、湖底の溶岩洞窟ごとに異なるホッキョクイワナがいる。また、水深四〇〇メートルもの深部でヒラメやカレイのように砂に潜りながら暮らすものもいるという。

イワナ属にはホッキョクイワナのほか、少なくても九種群が認識され、その中に複数の種があると考える研究者もいる。日本はこれらの分布南限にあたり、北海道のみに分布するオショロコマと、紀伊半島を最南限とするイワナの二種が生息する。日本のイワナは氷河期の寒冷期に南下したものたちの末裔だ。最終氷期が終わり気候が温暖化するなか、日本列島など南方のイワナほど山岳地域の冷たい水に逃げ込み隔離されていった。本州のイワナに「源流の魚」というイメージがあるのはこのためだ。

◉紀伊半島と北海道

奈良県に生まれた森田にとって、身近な渓流魚といえばアマゴであり、また紀伊半島で「キリクチ」という地方名を持つ、世界で最も南方のイワナだった。釣りなどを通して美しい渓流魚の魅力に引き込まれた森田は、高校生の時に一冊の本と出会う。当時、北海道大学に所属していた石城謙吉の『イワナの謎を追う』である。北海道にいる赤い点のイワナ（オショロコマ）と白い点のイワナ（イワナ）が別種であることを、生活史を比べることで解き明かした石城が、一般向けの新書としてわかりやすく書いた。森田はこの本を読み、地元の山奥に棲むキリクチとは別物ともいえる北海道のイワナについて知る。まるでフナが泳ぐような平地の川にイワナが暮らし、一部は海と川を行き来する。棲む地域によって大きく生き方を変える。そんな未知なるイワナに憧れを抱いた森田は、石城のいる北海道大学に進学し、イワナの研究を始めた。

◉砂防ダムがイワナを変える

大学院の修士課程に進学した森田は砂防ダムがイワナに与える影響の研究を始める。故郷の川で釣りをしていた頃から気になっていたテーマだった。こんなに川が分断されていて大丈夫なのだろうか？　彼らの暮らしは砂防ダムによってどのように変わる？　調べるほどに疑問が湧いた。

砂防ダムがあっても魚は上流から下流に移動できる。だが、一度落ちてしまえば二度と上がれない。森田は海と川を行き来するイワナの生息地に新しく砂防ダムができるタイミングで、その影響を調べた。

イワナには海に降り大型化するものもいれば、川に留まり生涯を終えるものもいる。イワナが海に降る習性は、長い時間で培われた遺伝的な影響が大きいと思っていたから、砂防ダムができるとその上流のイワナの多くは海から戻れなくなるため激減すると予想した。ところがイワナは予想に反し、砂防ダム上流に残った。上流のイワナの密度が小さくなると、海に降らず川に残るイワナが増える。そんな密度効果のメカニズムがあった。さまざまな環境に馴染める持ち前の柔軟さが、自らの生活史を急速に変えたのだ。

そのうえダムで川が細かく分断されると、小さな場所に閉じ込められたイワナは近親交配が進み、やがて奇形や絶滅のリスクが高まる。また、イワナよりも降海性の強いヤマメが砂防ダム上流から姿を消すことで、共存していたイワナの居場所や食性が変化する。人間が環境に手を加えることで、それまでのイワナの暮らしを変えてしまうことがわかった。

映画で森田は次のように語る。

—

「太古の昔は本州のイワナも海に行ってたわけですし、河川内では移動してた個体も多いと思うんです。今はダムができてしまったので移動しないイワナしか生き残れなくなっているということが多いと思うんです。[中略…]海に降って彼らが本来の生きたいような生き様というのを守れてるかというと、けっしてそうではない」

森田は年を経るごとに、研究の軸を基礎的な生態の解明から、結果をイワナを含むサケ科魚類の保全につなげるテーマへとシフトした。ある年、北海道を代表する希少魚であるイトウの生息調査で、森田はイワナ稚魚の興味深い生態を知る。イトウの稚魚や幼魚にとって、河川の氾濫原にある大小の止水は欠かせない生活の場となるが、そこで動物プランクトンのミジンコを食べるイワナを確認した。湖に暮らすホッキョクイワナや北海道の然別湖に生息するミヤベイワナ（オショロコマの亜種）は、止水に湧くミジンコなどのプランクトンを食べる。だがイワナの生息域は止水環境が限られるため、プランクトン食はそれまでほとんど知られていなかった。

全国の川に連続堤防が作られたのは明治期以降。本来、多くの川は洪水のたびに氾濫して流路を変えていた。氾濫原には大小の止水が現れては消えるシフティングモザイクが機能し、そこにはイワナの稚魚や幼魚が成長段階に合わせてプランクトンを食べる暮らしがあったのかもしれない。

◉イワナの「生き様」とは？

砂防ダムも連続堰堤も、私たち人間の暮らしに必要なものである。渓流釣りで利用する林道にしても、建設による恩恵のひとつ。ただそれらにより、イワナが長年営んできた暮らしが変えられてきたことも事実だろう。養殖魚や外来魚の放流もまたしかり。交雑や競合により、その場所のイワナが持っていた本来の習性や生活史が変えられてきた。これはイワナだけの問題ではない。私たちのあらゆる社会活動は、環境やそこに生きる生きものに、大なり小なりの影響を与えていることを自覚しなければならない。楽しみや便利な暮らし、幸福のために。

高度経済成長期から半世紀、かつて荒廃した自然環境が回復したところも多い。昔よりイワナが増えた川もあるだろう。気候変動による自然災害や野生動物の干渉など新たな課題もあるが、「自然が壊され続けている」という一方通行的な見方では、見落としてしまうことも多い。だが、さらに時代を遡れば、また見えてくる風景は異なるはずだ。約二万年前の最終氷期よりももっと前から、日本列島で脈々と命を繋いできた彼らの時の長さを思う。そして私たちが彼らの生きる川の姿を大きく変えてきた、ここ百年の短さも。

改めて冒頭で紹介した森田の言葉をたどってほしい。そして私たちが守るべきとする「イワナの生き様」について、各々の思いを馳せよう。

イワナは何を失い、何をまだ残しているのだろうか？

森の一員

イワナの命を支えていたのは、
寄生生物により森から川へ誘導された虫だった——。
この驚くべき実態を発見した佐藤拓哉は
森の一員としてのイワナをどう見ているのか。

文・写真＝若林輝　イラスト＝權田直博

奇妙な寄生生物の一生

ハリガネムシをご存じだろうか？

しばしば五十センチを超え、一メートルを超えるものもいるという。色は焦茶色からクリーム色までさまざま。直径は二ミリ前後。とにかく細長く、思いのほか張りがある。その印象はまるで、パリッと香ばしい揚げ焼きそ……いや、食べ物のたとえはやめておこう。「針金虫」という名の通り、姿も手触りも（？）針金に似る、不思議で奇妙な水辺の生き物だ。そしてハリガネムシは、渓流魚ととても縁の深い寄生生物なのである。

渓流釣りをする人ならば、右のイラストのようなシーンを見たことはないだろうか。本州では秋になると、釣ったイワナやアマゴの口やお尻からニョロッとハリガネムシが姿を現すことがある。この状況を見て寄生生物と知れば、魚に寄生していると思えるが、そうではない。一生のクライマックスとも言える水中へのダイブ。その刹那、あやまって取り込まれてしまった魚の胃や腸からの脱出を試みている瞬間なのである。

ハリガネムシの一生は、どこまでも興味深い。ここでは水中に産みつけられた卵から始まる彼らの生き方をたどってみよう。

卵塊から孵化した幼生は川底を動いているうちにカゲロウやトビケラなど水生昆虫の幼虫に取り込まれると、その中で「シスト」という厚い膜に囲まれた休眠状態となる。水生昆虫は羽化すると、ハリガネムシを体内に宿したまま川を飛び立ち陸地へと向かう。そこで水生昆虫がシストと一緒にカマドウマやキリギリス、カマキリなどの昆虫に捕食されると、その体の中で休眠状態から覚醒し、成長を開始する。宿主の腹の中で成虫となったハリガネムシは、驚くべきことに宿主の脳を巧みに操り（！）水辺へ誘導しては、最終的に水の中に飛び込ませてしまうというのである。

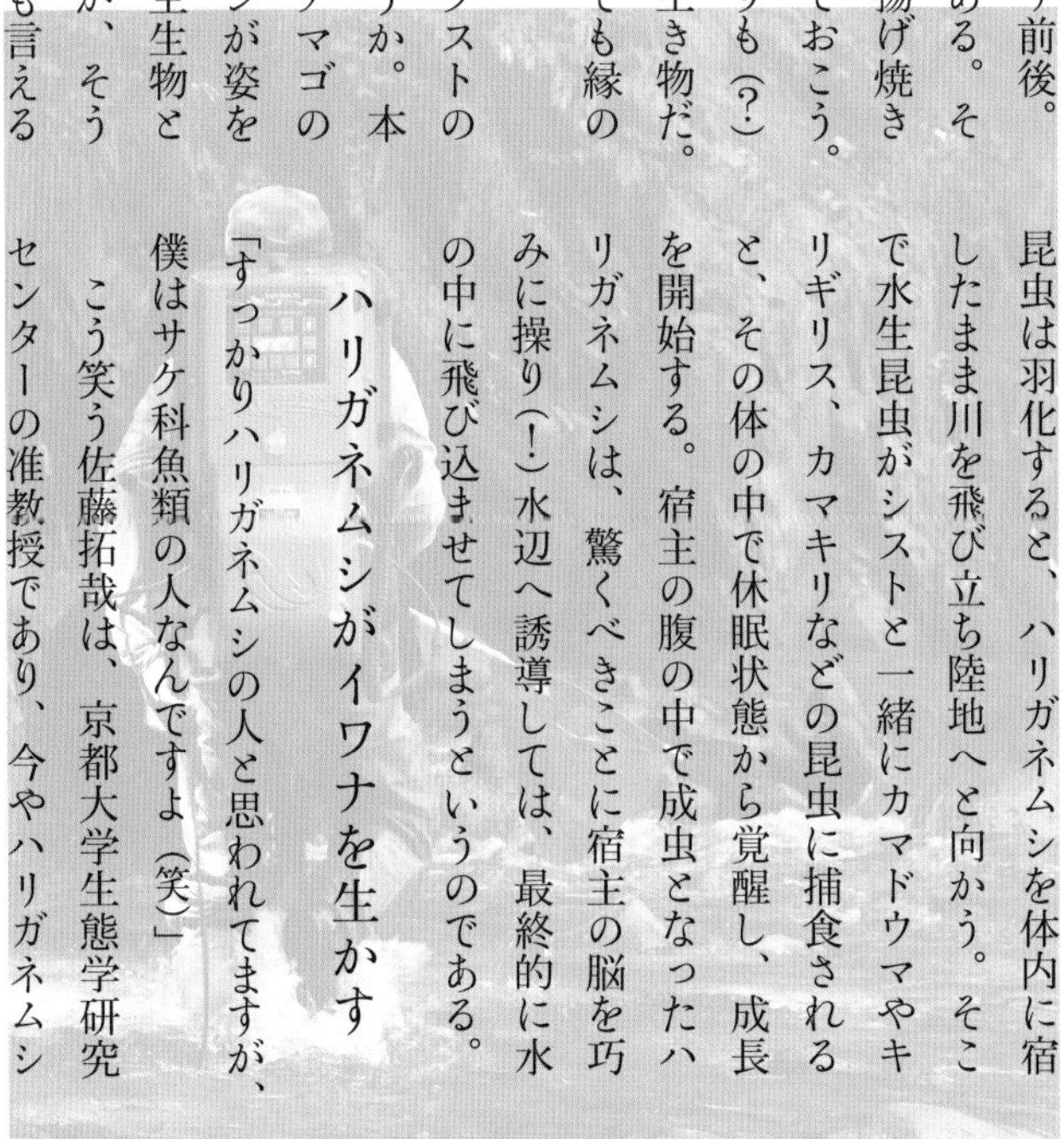

ハリガネムシがイワナを生かす

「すっかりハリガネムシの人と思われてますが、僕はサケ科魚類の人なんですよ（笑）」

こう笑う佐藤拓哉は、京都大学生態学研究センターの准教授であり、今やハリガネムシ研究の世界的な第一人者。二〇一三年の秋、佐藤らの研究チームは、ハリガネムシが宿主であるカマキリの脳を操って水に飛び込ませるために、なんとカマキリの遺伝子の一部を受け取って利用している可能性があることを突き止めた。もはや空想科学小説の世界のようだが、そもそも佐藤がハリガネムシの研究で世界的な脚光を浴びたのは、渓流魚との関係性を解き明かした研究論文が発端となる。

さらに、その研究に至るきっかけは、紀伊半島に生息する世界最南限のイワナ「キリクチ」だった。

「キリクチ（紀伊半島に分布するヤマトイワナ）の食性調査をしていたら、胃の中からやたらとカマドウマが出てくるんです。翅もないのになんで川に飛び込んでくるのかと。そこで気づいたんです。そうか、ハリガネムシに運ばれるんやと」

佐藤はキリクチの胃内容物を調べることで、渓流魚がエネルギー源の多くを陸生昆虫に依存していることを知り、さらにこれが寄生したハリガネムシの誘導による結果であることを突き止める。

次にこれを野外実験で実証するため、自然の川の一帯をビニールハウスで覆うという驚きの発想を実行に移した。自然下における陸から川への虫の移動を完全にシャットアウトした上で、陸生昆虫の投下量をコントロールして、渓流魚の成長やコンディションを比較した。

この結果、その川の渓流魚の一年間の総エネルギーの八割以上が陸生昆虫から得られ、なんと約六割はハリガネムシに操作されて入水した虫によるものであることが明らかになったのだ。

「なんとなく感覚的にそうやろなと思っていたことを数字にできた意味は大きかったと思います」

ハリガネムシとカマドウマという、ともすれば「気持ち悪い虫」と括られるだけの存在が、佐藤らの研究により、川と森とを繋ぐ大事な存在なのだとわかった。これらの存在が欠けることで、渓流魚が必要とするエネルギーを得られなくなる可能性が生まれること。それにより渓流魚による水生昆虫やヨコエビなどの捕食量が増え、これら分解者の働きによる川底の落葉の破砕速度が遅くなることも明らかになった。「風が吹けば桶屋が儲かる」ではないが、ハリガネムシは渓流魚との関係性を介して川の中の生態系にまで大きな影響を及ぼす存在だった。森と川は、あらゆるコネクターにより複雑につながっているのだ。

おそらく私たち人間は、自分たちが利用する生き物との関係性をもって、その経験から自然を大層知った気になっているが、ダイレ

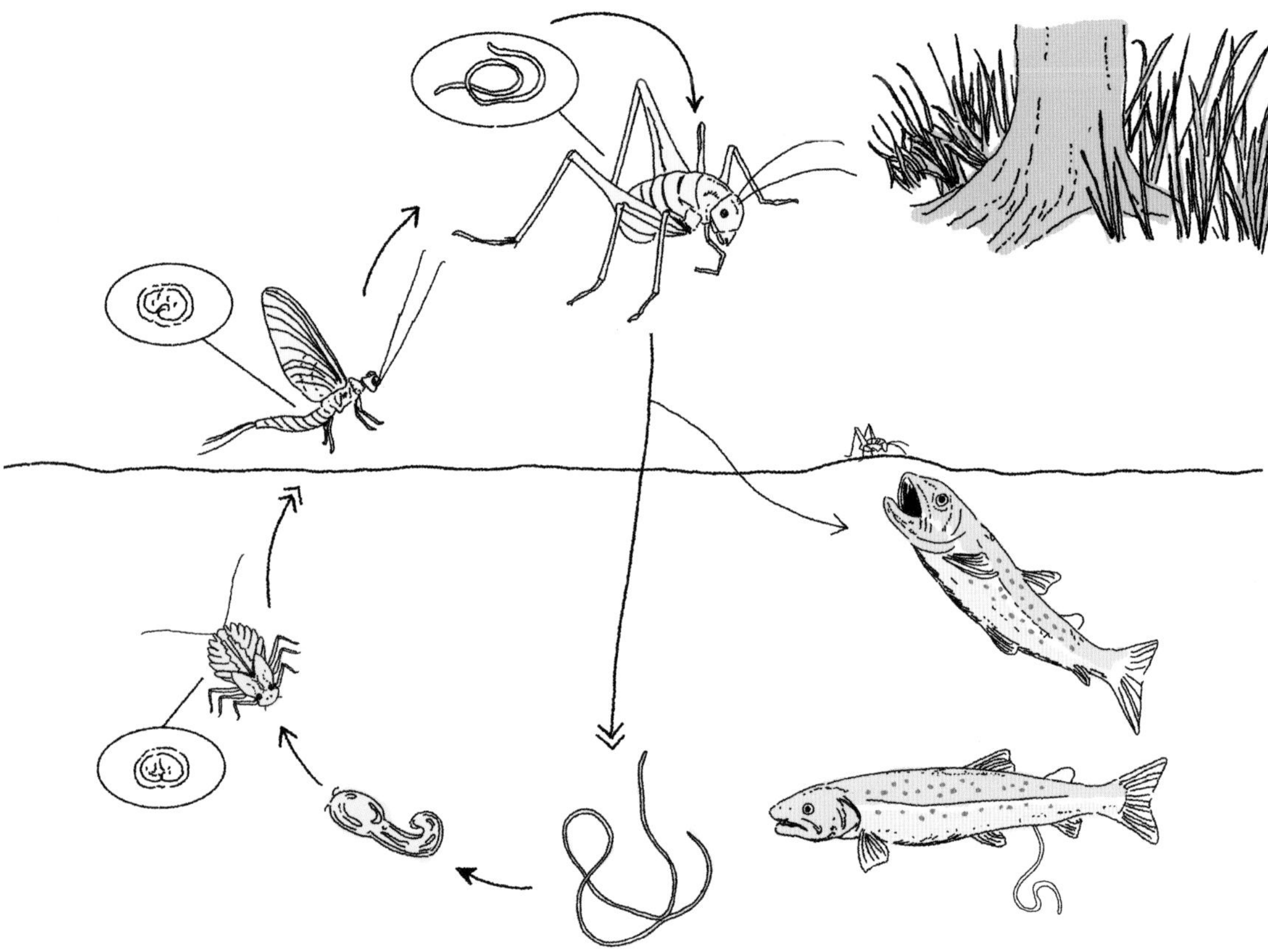

ハリガネムシが繋ぐ川と森の循環と、その恩恵に授かるキリクチ。水中の細長いハリガネムシが卵を産むと、孵化した幼生はカゲロウなど水生昆虫の体内に取り込まれ、そこでシスト（厚い膜に包まれた休眠状態）となる。水生昆虫はハリガネムシのシストを体内に抱えたまま羽化して陸地へ飛び立ち、そこで森の住人であるカマドウマに食べられると、ハリガネムシのシストは終宿主の体内で休眠から目覚めて成長を遂げる。成虫になったハリガネムシは終宿主を操り水辺へと誘い、自らの生まれ故郷である水中に還るために「身投げ」させる。佐藤はキリクチの命がハリガネムシが誘導する陸生昆虫に支えられていることを明らかにした。

クトな相互関係の経路から少しでも離れてしまえば、まだまだ自然界の大部分はブラックボックスに収められたままのだろう。私たちは自然界の何かを失うことで他の生き物や自分たちの暮らしに及ぶ影響を上手く想像することもできない。

イワナの役割とは？

　佐藤は映画『ミルクの中のイワナ』の中で、希少なイワナの在来個体群が放流魚との交雑により消失しつつある現状を語っている。絶滅の危機にあるキリクチを探して下流から沢を上り詰め、ついに最源流域まで交雑魚だったという話は、映画を観る者に得も言われぬ感情を湧き立たせる。

　だが、佐藤の言葉や表情からは、なぜこうなったのかという義憤や悔恨よりも、また別の想いが伝わってくる。何よりも事実を明らかにすることが研究者の努めなのだという想いだ。知られていなかった事実を新たに知れば人の意識は少しずつ変わっていく。そう信じているかのように。佐藤が調べ上げたキリクチの危機的な状況も、川と森を繋ぐハリガネムシの驚くべき役割もまた、人の意識を変えるトリガーなのだ。

　映画を観てから、気になっていた。佐藤ならば、森の中でのイワナの存在に、どのような意味を見出してくれるのだろうか。ハリガネムシの役割も、カマドウマの役割も解明してきた佐藤なら、きっとイワナの役割についても確固たる考えを持っているに違いない。イワナ、それも元々そこにいた在来魚だからこそもっている「森の一員」としての役割とは、一体どのようなものなのか？

「森の生態系における在来魚の役割ですか。それは結構、難しい問いですね。もちろん、ありうるとは思います。昔からその場所で長い年月共存してきたからこそ、その場所のキリクチとカマドウマとハリガネムシの関係性が生まれたという可能性もありうる話です。他所から移植された放流魚では、このサイクルがうまく働かないこともあるかもしれません。一方で、性質が変わると言ってもイワナはイワナです。突然、肉食恐竜のような振る舞いをするわけでもなければ、ヒツジのように草を食べるわけでもなく、やはりイワナはイワナの振る舞いをするわけです。在来魚と放流魚のわずかな適応の違いが生態系に影響を及ぼすという仮説は一時期よく説かれましたし、僕も個人的には好きですが、本当に川や森の生態系まで変えてしまうかというと、なんとも言えません」

　ならば、イワナ自体の存在がその生態系からいなくなってしまったらどうだろう。森や川を切り開く大規模開発事業だけでなく、度を超せば釣りでも魚はいなくなる。

「例えば滝の上にいたイワナがいなくなってしまったり、逆に滝の上にいなかったイワナがいきなり現れたとしたら、元々あった生態系は大きく形を変えてしまうでしょう。逆に元々イワナのいなかった滝上に放流するということは、『イワナがいなかった世界』の歴史を失うということです。そして在来のイワナ――キリクチがいなくなるとは、端的に言えば、地球史のひとつを失うことです。キリクチだけでなく、それを取り巻く世界と歴史の消失です。人間にとっても、それはやはりもったいないことではないでしょうか」

出演

徳田幸憲〈高原川漁業協同組合 参事〉
菊地勇〈役内・雄物川漁業協同組合 代表理事組合長〉
西村成弘〈株式会社フィッシュパス 代表取締役〉
戸門秀雄〈郷土料理ともん〉
戸門剛〈郷土料理ともん〉
山中裕樹〈龍谷大学先端理工学部 准教授〉

Photograph by Thirai Yo

2

|CHAPTER6|

Living with River

|CHAPTER7|

Around the Trout

|CHAPTER8|

Shifting Mosaic

|CHAPTER9|

Research in Environmental DNA

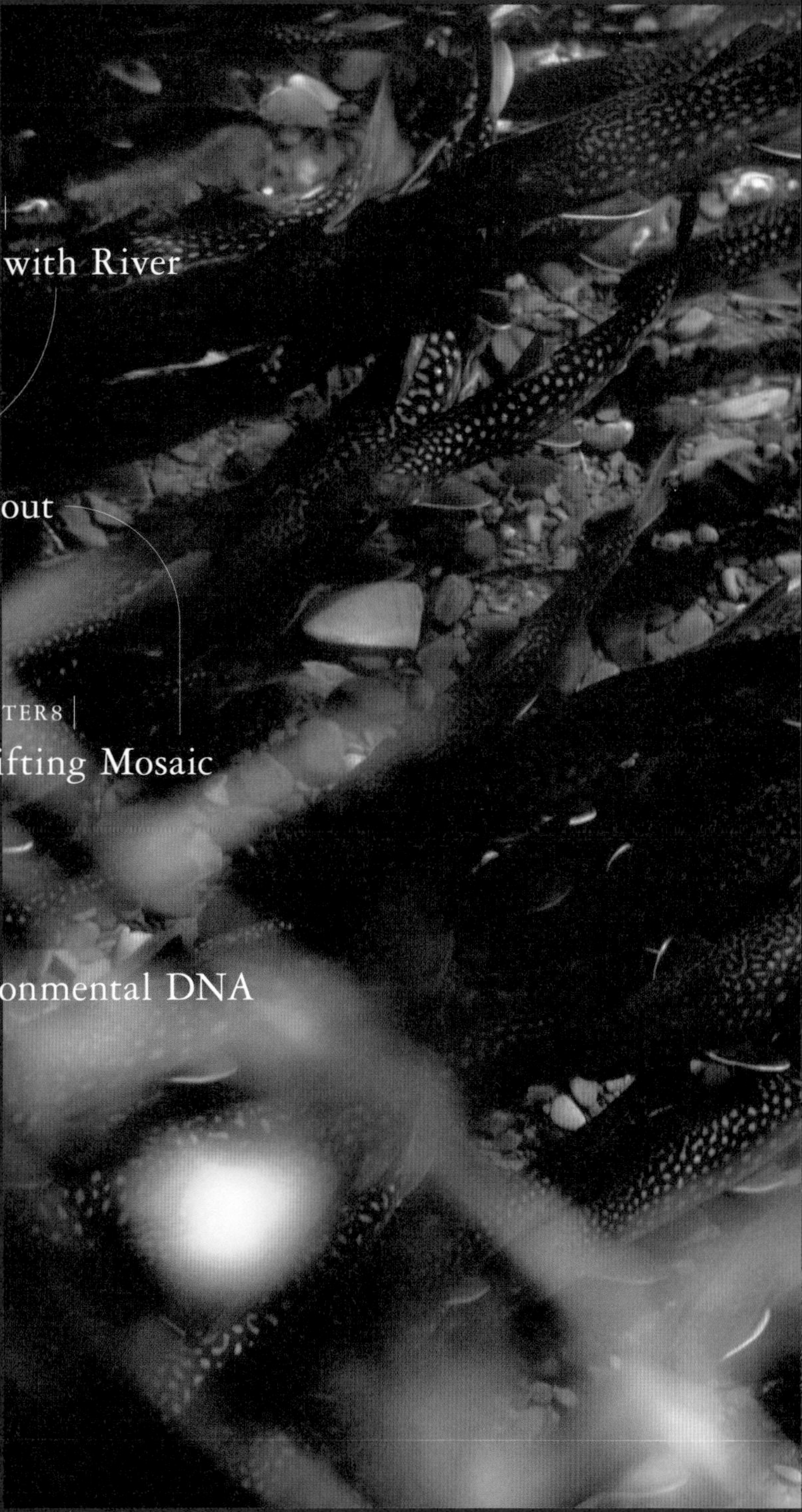

ヤマメやアマゴと比べるとイワナはちょっとこう獰猛な部分もあって、
その野性味というのが僕らが惹かれる部分ですね。
自然とイワナを求める旅というのは冒険心にあふれている。 未知の世界への旅

——戸門剛

第6章

川とともに生きる人々

――日本ではイワナを増やすために、長年漁業協同組合による稚魚放流が行われてきた。しかし近年、それでは効果的に魚が増えていないこともわかってきている。なぜ状況はなかなか変わらないのだろうか。

中村智幸　欧米では州政府などがイワナを増やす研究、イワナを増やす実際のことをしているんですけど、日本ではイワナを実際に増やすのは漁業協同組合さんなんです。

徳田幸憲　川の漁業協同組合というのは第五種共同漁業権の免許を都道府県から受けていて、川の流域に住んでいる人たちが組織するものなんです。漁業権というのは組合員さんが川で魚を獲る権利なんです。漁業権の免許を受けるには義務があって、それは増殖という義務です。増殖というのは何かというと、親でも卵でも稚魚でもいいんですけども、そういう放流行為や産卵場の整備。また、堰堤とかで魚が滞留してしまって上流へ行けないような魚を上に持ち上げるような行為も増殖行為として認められています。

　私が漁協に入った頃はたくさん魚を放流すれば魚は増えるというイメージで、今もそう思っている方がたぶん多いんですけれども、この三十年で魚をたくさん放流してきたけど、突き詰めていくと増えていない。びっくりするほど魚が残っていない。釣り切られるというよりは生き残れないんです。放流しているのは要するに養殖魚なので、自然界での生き残り能力が低いというのがたぶん本当のところなんでしょう。

森田健太郎　歴史的に種苗放流（稚魚放流）されてきたことも理解できるんです。イワナの数が減ってきたからまず数を増やさなくてはいけないということで、どこの系統でもいいからイワナという種を放流して増やそう。でもよく考えてみるとそれだけではない。それとは少し違うと思うんです。

中村　どうも稚魚放流は効率が悪いのではないか。昭和の頃からある漁業法の規定に基づく増殖義務、その履行方法として、都道府県の内水面漁場管理委員会は漁協に対して、イワナは稚魚放流を中心に何キログラムあるいは何千尾放流しろと義務を課している。これから転換した方がいいと思います。しかし、漁協さんに増殖活動の実験とか調査的なことをしてみませんかと申し上げても、それができるような体力がもうないんだと。組合員も減ったし、残った組合員も年寄りばかりでできないんだと。

第7章 イワナをめぐる経済圏

——漁協が抱える大きな問題のひとつが、遊漁券の未購入による収入の減少。そもそも遊漁券とは何だろう。漁協が安定して経営されていくためにはどうしたらいいのだろう。

菊地勇　今秋田県では発眼卵放流も認められていますが、手がかかるし認識も薄い。これからもっと地元の人口は減少するし正組合員が減る中で高齢化が進むと、稚魚放流にしても人間が入りやすい場所にまとめて何千匹何万匹を放流してしまう。

西村成弘　全国の漁協さんを営業でまわっていて思うのが、担い手がいないんだろうなということ。そして川の荒廃で釣り人が減っていて、その分遊漁料収入も減り、事業としてまともに放流もできないという悪循環に多くの漁協さんが陥っていることを知りました。それに加えて特に問題なのが、遊漁券の未購入問題。釣り人に悪い人が多いというわけではなくて、売っている場所がわからなかったり、そもそも釣り人は朝が早いので買えるところがなかったりする。だったらスマートフォンなどで簡単に購入できるようにすればいいのではないか。それが、我々が電子遊漁券を始めたきっかけです。

徳田　組合員が出したお金で漁協組合が運営されるというのが本来の形。でも実際は組合員からのお金よりも、地区外から来る釣り人の方たちに払っていただく遊漁料収入の方がずっと大きい。

菊地　遊漁者を対象に運営するということは、その年によってかなり変動があるんですね。組合経営を安定させるためには組合員を増やすこと、それが一番大事だと。

中村　組合員になれる要件が水産業協同組合法で決まっています。内水面の漁業協同組合の場合、ひとつは組合の地区に住んでいること。もうひとつが、漁業をしたり釣りをしたり、あるいは魚を増やす活動を年間三十日以上やる必要があります。

　また法律の上では、漁協は遊漁者に対して不当な制限をしてはいけないということになっているんです。つまり組合員だけできて遊漁者はできないという特権があってはいけないということ。これは問題だと思っています。だったら一般的な釣り人は組合員にはならずに、増殖活動もせずに釣るだけ釣って、あとは漁協に対して文句だけ言っていれば釣り人も楽ですからね。組合員だからできるということを設けた方が組合員は増えると私は思います。

徳田　実際、組合員に魚で生計を立てる人はいなくて、ほとんどが採捕者、地元にいる釣り人です。

戸門秀雄　職漁師さんたちが活躍できた舞台というのは、まだ今日のような車社会がこれほど発達する前の話。山村とか山峡の地の旅館とかに釣獲したイワナを運んだそうです。釣る時は魚籠に入れて、運搬する時は魚箱に入れて、あの時代の夜道を歩いて。今でも山の上にはイワナの道があるような気がします。

戸門剛　山の方たちって、今年で獲り切って終わりではなくて、来年も再来年も、あるいは自分たちの子供の世代とか孫の世代のことまで考えて大切に獲っていますから、当然よそから来てお世話になる僕らもそれにのっとった獲り方をしないとダメなんです。釣れた魚をすべて持って帰っていたら、どれだけ豊かな川でもあっという間に絶えてしまう。

「遊漁者（釣り人）というのは、システム上は権利侵害者なんですね。権利侵害をするにあたってこれだけの対価を払ってくださいね、というのが遊漁料の基本的な考え方になっている——徳田幸憲」

Photograph by Adachi Satoshi

第8章 シフティングモザイクの重要性

――川は大雨で土砂が流れた時などにダイナミックに流れが変わる。そのシフティングモザイクがイワナにとっても重要だと言われている。

徳田　洪水がなくずっと同じ量の水が流れていると、下の土砂は水に水平にあろうとするらしくて、川が平坦になってくる。洪水ってすごくよくできていて増水した川の水がだんだん減ってくる。その過程を経て川底が掘られていきます。魚の産卵環境というのはそういう中でできていくんです。僕たちが産卵環境を作る時、川の水が流れた状態をイメージして掘れるところを掘る。だんだん水量が減っていくと今度は石が止まっていくわけですね。川底にこぶし大の石を並べる。魚はこの細かい動くような石を飛ばして石の隙間を作ってそこに卵を産む。本当は自然の川だったら勝手にやってくれるんですが。

中村　イワナの生態研究でわかったのが支流に遡上して産卵する性質が強いこと。本流で生息していても、秋の産卵期なると支流に入って遡上して産卵する。日本のほとんどの川って、イワナが本流から支流に遡上してもすぐに砂防堰堤や治山堰堤があったりして、それより上流に遡れないんです。たいてい魚道もない。堰堤で産卵のための遡上が止められてしまう。そうすると本流との合流点から支流の最初の堰堤までの短い距離で産卵しなくてはいけない。ところが距離が短い故に産卵に適した場所が少ないんですね。支流に遡上するイワナ達にきちんと産卵をさせてあげたいということで、人工的な産卵場をいくつも作ってあげるということが増殖上大事だったんです。

徳田　漁協がいかに魚を増やせるのか。それは魚に産卵してもらって自ら増えてもらう手助けをするのが一番良くて、みんなが残すような釣り方をすることが大事。今まではどれだけ釣っても放流すれば魚が増えるという理屈だった。でも実際に放流しても増えないのであれば、産卵させるのが一番。親魚さえ残っていれば魚って十分増える力があると思うんです。そういうふうにこれから釣り人も漁協も変わっていかないといけないと思っています。

中村　調査に入ると漁協の方々は「もううちは天然魚なんかいないよ」と結構おっしゃるんですけど、きちんと調べると少なくともひとつや二つの支流には天然魚が残っているんですよ。漁協さんがそこに今まで放流していなかったり、下流に放流した養殖イワナが放流したところから遡上していったけど、堰堤やダムを越えられないで交雑せずに残っていたり。イワナにとって堰堤やダムはいいことなんかほとんどなかったんですけど、この点だけは堰堤のおかげだったと。堰堤やダムのおかげで交雑せずに原種が保存できている、ちょっと皮肉な結果でしたよね。

「漁協がいかに魚を増やせるのか。それは魚に産卵してもらって自ら増えてもらう手助けをするのが一番良くて、みんなが残すような釣り方をすることが大事――徳田幸憲」

第9章 環境DNA技術の可能性

――この川にはどんな種類の魚がいるのか。水産資源を管理するうえで重要な生体データを簡単に入手できる新たな方法として期待されている環境DNA技術とはどのようなものだろう。

山中裕樹　漁協さんによっては産卵場を作るために川を耕すようなことをなさったりとか、より魚がいやすい川にするための努力をなさったり、その川に元々いた魚を残しておこうということで放流魚は入れずに管理なさっているところがあったり、様々なことをなさっているんですけれど、本当に成果が出ているのかを簡単に調べるすべがないのが現状でした。生き物がどこにどれくらいいるのか、どんな種類がいるのか、そういった情報というのは生物多様性保全だとか水産資源の管理の上では本当にベースとなる必要情報なんです。でもそれを知るためには、川に潜って観察してみるとか、投網で捕るとか以外に調べるすべがありませんでした。そこで環境DNA技術というものが川を管理しておられる漁協さんの事業活動の効率化に役立てられるのでけと思いました。

環境DNA分析とは、川の水を汲んできてそこに入っているDNAを分析することでそこにいた魚の種類がわかるというものです。下流側から上流に向けて全部で一リットルの水を採取します。魚たちのDNAというのは水の中にいっぱい存在しています。暮らしているうちに水の中にボロボロこぼしているんです。細胞がこぼれてとか、あと糞をした時にも自分の腸の細胞なんかも一緒に出てきます。このDNAという設計図自体が魚の種類ごとに違いますので、この浮いて出てきたDNAをうまく分析すると、そこにいた魚の種類がわかります。魚自体を捕まえるのではなく、川の水を汲んできてDNAを捕まえて調べるというのが環境DNA分析です。漁協さんがやってきたことの効果は出ているのか、まず最初の簡単にできる確認として、環境DNA技術はお役に立てると思っています。

徳田幸憲

岐阜県・高原川漁業協同組合 参事

1962年三重県津市生まれ。1985年三重大学水産学部卒業。環境調査会社勤務、フリーランスを経て、1990年より高原川漁業協同組合へ勤務し、1994年より現職。2004年より現在に至るまで、高原川支流蒲田川において砂防堰堤のミチゲーション施設としての産卵用人工河川の造成技術に関する調査とその運用を担当する。

菊地勇

秋田県・役内 雄物川漁業協同組合 代表理事組合長

旧雄勝漁協と旧雄物川上流漁協と合併し、役内・雄物川漁業協同組合となる。共に70年間活動した漁協が、組合経営の安定化と漁業管理の一元化を目指し、平成29年度より合併協議会を重ね実現。実写版映画『釣りキチ三平』の舞台になった役内川を管理し、映画にも全面的に協力。

西村成弘

株式会社フィッシュパス 代表取締役

1975年坂井市生まれ。大学卒業後、化学メーカー、国内独立系コンサルタント会社を経て、2004年に福井県にUターンし独立。2016年に日本の自然、川にフォーカスした事業を展開する社会課題解決型スタートアップ、株式会社フィッシュパスを起業。川を管理する地域の漁協と、釣り人を便利にするアプリサービスを展開している。

戸門秀雄

郷土料理ともん店主・漁撈民俗研究者

1952年埼玉県生まれ。「山と川の幸　郷土料理ともん」店主。元埼玉考古学会会員。趣味の釣りと食材集めで各地の渓流を訪ね、職漁師の暮らし、漁法、漁具を記録。ダイワ精工（現DAIWA / グローブライド社）のアドバイザーも務め、渓流竿「碧翠」「碧羅」を共同開発。著書に「渓語り・山語り」『職漁師伝』『川漁　越後魚野川の伝統漁と釣り』がある。

戸門剛

郷土料理ともん二代目店主・DAIWAフィールドテスター

1984年埼玉県生まれ。幼少期より父の薫陶を受けて渓流釣りや山菜・キノコ採りに慣れ親しむ。都内の日本料理店にて修行の後、実家に戻り両親が営む料理店、「山と川の幸 郷土料理ともん」を継ぐ。

山中裕樹

龍谷大学先端理工学部准教授

滋賀県長浜市出身。京都大学大学院理学研究科生物科学専攻博士後期課程修了。博士（理学）。総合地球環境学研究所での研究員、龍谷大学理工学部での実験助手、講師を経て、2020年から同准教授。環境DNA学会理事。2009年ごろから環境DNA研究に取り組み、この新しい技術の発展・普及のために研究活動を続けている。

釣り場管理の現在と未来。

映画『ミルクの中のイワナ』のメインテーマである渓流釣り場管理について、現在の課題と解決策について、映画監修を務める中村智幸と、電子釣り券サービス「つりチケ」を展開するClearWaterProjectの瀬川貴之が、意見を語り合った。これからの漁業協同組合のあり方とは？ 釣り人にできるアクションは？ 理想と現実のはざまを探る。

瀬川貴之

一般社団法人 ClearWaterProject代表。電子釣り券サービス「つりチケ」のほか、釣り人と漁協と行政をつなぐ役割を果たす。

中村智幸

国立研究開発法人水産研究･教育機構水産技術研究所所属。渓流魚の生態を専門としながら、近年は漁協制度の研究にも取り組む。

なぜ漁協が必要なの？

中村　それは漁協が実質上、川の漁業や遊漁、水産資源を管理しているからです。内水面の漁業協同組合が都道府県から第五種共同漁業権を免許され、増殖義務を果たしながら川の漁業や遊漁、水産資源を管理しています。

瀬川　法の枠組みという大前提がある限り、現状は漁協が川の水産資源を管理する主体なんですよね。ルールを作ったらそこには監視する人が必要で、川の場合は地域住民で構成される漁協が理想なのかもしれません。川の管理主体がなくなると、誰もが自由に釣りをすることのできる自由漁場になり、魚が獲り尽くされてしまうかもしれません。「北海道には漁協がないけど大丈夫じゃないか」という声もありますが、それは人が少ないからでしょう。本州では、自由漁場になった川が荒廃した例を耳にすることもあります。

中村　我々のアンケート調査の結果によると、国民が内水面漁協に一番期待するのは自然環境や生態系の保全なんです。実際、八十五パーセントの漁協さんが川や湖の清掃をしていることは、もっと知られてほしいですね。河畔林や森林の植林活動や子どもへの勉強会や釣り教室を行なっている漁協もあります。放流体験会も盛んですが、私は反対の立場です。放流しなければ魚が増えないという、昭和の頃からの根強い価値観をそろそろ払拭したいからです。

瀬川　子どもの頃の放流体験により、「放流さえすれば魚は増える」と思ってしまうかもしれませんからね。

中村　その代わりに生息環境を良くしたり採捕を規制することで魚が増えることを伝えていきたいです。人工産卵場を造成して自然繁殖を増やしましょうとか。ただ、漁協に対する「魚を増やしてほしい」という要望は、自然環境を守ってほしいという要望に比べて少ないんです。

瀬川　そもそも漁協がどのような団体なのかを知らない人が多いのかもしれませんね。都道府県には漁業調整規則という、漁協がなくてもある程度漁獲を制限する規則があります。でも、そのルールを守らせる監視役が不在では魚はどんどん抜かれ、生態系はかなり偏ってしまうのではないでしょうか。

漁協は減っている？

中村　現在、内水面漁協の数は八百ほどですが、毎年五つくらいの漁協が解散や合併をして数を減らしています。また、組合員も減少をたどっています。現在、組合員数は二十五万人ほどですが、我々の研究結果では二〇四〇年頃には十万人ほどになると予測されます。

瀬川　一番の原因は地方の人口減ではないでしょうか。人口減少の比率に比例して漁協も減っているようです。

中村　加えて組合員になりたい人も減っているのではないでしょうか。漁

文＝若林 輝
写真＝佐藤成史、坂本麻人

業法では「遊漁者に比べて組合員を不当に優遇してはいけない」ことになっています。この「不当」の基準を下げて組合員のメリットを増やさなければ、組合員は減る一方だと思います。だって、放流や清掃、監視などもしなければならない組合員よりも、遊漁料だけを払って釣りをしている遊漁者のほうが楽ですから。

瀬川　かつての釣り人（遊漁者）は、その地域の中での非組合員でしたから、不当な優遇が良くないのはわかります。同じ地域に住んでいながら権利に差があると、とても不当な気がしますから。ただ、車が普及した今、多くの釣り人は県外から訪れます。地域外からの釣り人と地元の組合員が同じ条件というのは、釣り人にとって、かなりお得なのではないでしょうか。

中村　モータリゼーション以前、渓流釣りをするのはその地域の人ぐらいでしたからね。外からの釣り人は電車やバスを乗り継いで来るぐらいだから、釣り人が少なくてそんなに魚も減らなかったと思います。今は自分の車でどこへでも行ける時代になったので、魚が釣られすぎですよね。

瀬川　良くも悪くも、釣り場を選べる釣り人がお客様なんですよね。環境条件が漁協のサービス業化を必要としているにも関わらず、その意識を持てていないことも漁協が立ち行かなくなる原因だと思います。

組合員を増やすには？

中村　組合員になるメリットを増やす必要があると思います。例えばある面白い提案があります。天然魚を残す禁漁区を作り、釣りをすることができるのは組合員だけにするのだと。

瀬川　めちゃくちゃスペシャルな特典ですね（笑）。でも不当ではないかと問われそうな話でもありますね。

中村　法律には「不当」にあたる具体的な記述はありません。第五種共同漁業権の免許や事務の権限を持つのは都道府県知事なので、うちの県ではこれは不当ではございませんと知事が宣言すれば済む話なのかもしれません。

遊漁料はどう決まる？

中村　遊漁料は都道府県ごとの計算式に基づいて漁協が案を作り、それを都道府県が認可する形で決まります。理屈が立てば変更も可能です。

瀬川　「理屈が立てば」というところがミソですよね（笑）。多くの漁協には県を納得させるだけのロジックを作り込んで、粘り強く交渉する力がありません。今の漁協はほとんどがボランティア組織みたいなものですから、スタッフの給料すら発生しないなかで頑張れる組合はほとんどない気がします。

——遊漁料が高いということは、それだけ釣れるということでしょうか？

中村　いや、遊漁料が高いから釣れるとは言い切れません。

瀬川　増殖に回すお金は釣り人と組合員の数に遊漁料と賦課金を掛けたものの一部ですから、人が少ないと遊漁料が高いケースもあります。値段もありますが、釣り人がたくさん集まる川の漁協はサービス業的な感覚を持っている気がします。そんな漁協では釣り人に対して「お客さん」という言葉を使っていることが多いんですよね。

中村　ただ、漁協は本来的には釣り人対象のサービス業じゃありませんからね。漁協は釣り人のためではなく組合員のために存在するものです。水産業協同組合法に「漁協は組合員に直接の奉仕をするための組織」と明記されていますから。ただ、時代は変わってきています。私は漁協に釣り人を「お客さん」と呼ぶ組織になってくださいとは言いませんが、気持ちの上ではそういう意識を持っていたほうがいいと思います。多くの漁協で、収入の多くの部分が遊漁料なわけですから。

儲かる漁協とは？

中村　内水面漁協の全体収入の四割近

くは企業などからの補償金です。三割強が遊漁料収入、一割くらいが組合員の収める賦課金。漁協側の努力で貰える補償金の額を増やすことはできません。賦課金を増やすには組合員を増やさなければなりませんが、それも難しい。となると三割強を占めている遊漁料収入を増やすことが一番の早道ということになります。実際に現在、国民の三三六万人が内水面で釣りをして、一一九万人が釣りをしたくてもできていません。遊漁料収入を増やすとしたら、遊漁者を増やすか、特設釣り場を作って普通の釣り場の遊漁料より高い料金を取るか。通常の釣り場で遊漁者を増やすのはなかなか難しいので、特設釣り場はひとつの手段だと思います。特設釣り場のひとつの形にキャッチアンドリリース区間がありますが、キャッチアンドリリース区間を作ればその年、たいてい遊漁者数が二倍程度増えます。

瀬川　漁協が遊漁料を自由にできないことも大きな壁ですね。サービス業ならば市場価格は需要と供給のバランスで決まります。金額を上げすぎれば釣り人は来なくなりますから、そこまで過剰な値上げは起こらないのではないでしょうか。少なくても、もう一度見直す必要はあると思います。ただ行政指導上は基本、遊漁料と賦課金の収入と増殖関連支出はプラスマイナスゼロになるのが理想とされ、これに基づいて遊漁料や増殖義務が設定されていますので、儲かりません。人件費すら出せずボランティアでやらざるを得ない現実が根本的にあるので、ここを変えないといくら漁協が努力したくてもできません。また漁協の理事が変わると蓄積されたノウハウを失ってしまうことも多く、その補填方法も必要です。漁協運営には魚の知識と経営の知識が必要です。漁協がある程度の業務を民間に委託して支えてもらえるような仕組み作りも必要ではないでしょうか。

中村　スキー場の入場料のように、遊漁料をもう少し柔軟に変えられるといいですよね。人の雇用に関しては、通年で人を雇うとお金がかかって漁協は赤字になるので、冬季には特設釣り場を閉じて、開いている時期だけ管理を地域の方にパート委託している漁協もあります。ただ、委託しすぎるのも問題です。漁業権を自らの力で管理できないことを宣言することにもなりかねないので。そんな漁協に漁業権を免許するわけにはいかないと知事が考えるかもしれません。

瀬川　行政も実行業務のほとんどは委託していますよね。予算編成して目的や効果を見定めて責任を持つのが行政の役割になっていますから。同じように漁協が責任を持つ限り、なにを委託してもいいのではないかと思います。

中村　そうですね。意思決定は漁協がやる。委託先との契約関係さえしっかりしていれば、委託してもいいと思うんですけどね。

儲かればどんな釣り場にしてもいい？

中村　昔、釣り好きで遊園地的な施設を経営している人がこう言ったんです。

〈用語解説〉

内水面漁業協同組合

河川や湖沼などの内水面において都道府県知事から第五種共同漁業権を免許されている協同組合。該当水域で漁業や遊漁（釣り）を行う権利を得るとともに、漁業権の対象魚種の増殖義務が課せられている。釣り人（遊漁者）は遊漁料を漁協に納め、漁協の定めた遊漁規則を守ることで、釣りをすることができる。二〇二三年度末で、全国に七八八あるが、組合数や組合員数は年々減少している。北海道と沖縄県を除く都府県では、大部分の河川や湖沼が内水面漁協に管理された漁業権漁場となっている。

渓流魚

イワナ、ヤマメ・アマゴなど渓流域に棲む魚。今回の記事ではアユは渓流魚に含まない。

増殖義務

漁業法の規定により、漁業権を免許された内水面漁協には資源が枯渇しないように、増殖する義務が課せられており、これを増殖義務という。一般的には放流や産卵床・産卵場の造成、堰堤やダム等の遡上・流下阻害物による滞留魚の汲み上げ・汲み下ろし放流などが義務の履行方法として認められている。どの方法が義務履行にあたるかどうかは、水産庁の指導に基づき都道府県が判断する。

漁業調整規則

都道府県ごとに定められた、水産動植物の採捕などに関する規則。漁協が管理していない自由漁場でも釣り人は守らねばならない。

「俺に漁協の管内をひとつ預けてくれれば必ず儲けるから」と。

瀬川　でも野放図になってしまうと困りますね。決まりごとは必要です。天然魚の残る川はできるだけ放流しないとか。そのための教育研修まで枠組とする必要があるかもしれませんね。公共財として譲れないところのライン引きは絶対にすべきでしょう。

中村　極端なことをしようとしたりすれば、都道府県の水産課や都道府県の行政委員会である内水面漁場管理委員会がしっかりと歯止めをかける必要もありますね。

瀬川　企業やNPOが漁協と協働するという意味では、弊社団では寒狭川中部漁協との協働として、川横にある組合長の田んぼをお借りし、農地転用し、キャンプ場と管理釣り場を作って運営しています。ただ、あくまでも漁協との関係性ができた上での話であり、まだ一般化は難しいとも思いますが、一つのモデルにできるのでは、と考えます。また、名倉川漁協管轄の段戸川では、段戸川倶楽部という釣り人組織を作り、釣り人と一緒に川に入る道や看板を作ったり、キャッチアンドリリース区間では釣り人の協力で相互監視する形を成り立たせています。釣り人が漁協運営に協力する代わりに年券の割引などのメリットも設けることで、管轄河川の一部ですが段戸川への釣り人が増え、漁協全体でも遊漁券販売が増えていました。ただ、中心として動くキーパーソンがいなければ、スキームは成り立たないんですよね。

ゾーニング管理

瀬川　ニーズに合わせて区画ごとに特色を出すゾーニングは、釣り場管理の理にかなっていると思います。天然魚の保全として支流を禁漁区にするのも一種のゾーニング。魚が自然再生産できる上流を禁漁区として、流れ出す下流はキャッチアンドリリース区間にするなど釣法に制限を設けることで、天然魚を守りながらの利用も可能です。

中村　私は渓流釣り場のゾーニング管理は、天然魚の保全が基点であってほしいと思っています。その上でどのように釣り場をアレンジするか。簡素でもゾーニング管理をすれば、釣り人は漁協を一定評価してくれます。ゾーニングは漁協が何も考えずに釣り場を管理しているわけではないと示せるツールでもあります。漁協はゾーニング管理のやり方がわからなければ、都道府県の水産試験場（以下、水試）に聞いてもいいでしょう。水試が漁協にその

漁業法
漁場の総合的な利用による漁業の発展を目的とする法律。

遊漁料
内水面漁協が管理する漁場で釣りをする際に遊漁券（釣り券）を購入する形で漁協に支払う費用。費用は漁協が行う増殖や漁場管理にあてられる。

キャッチアンドリリース
釣った魚を同じ場所に放すこと。丁寧に行うことで、釣りによる魚の減耗を抑えることができる。遊漁規則に規定された場所もある。

人工産卵場
人の手で作った魚の産卵場。秋にメスが川底を掘って産卵床を作るイワナの場合、掘りやすく水通しの良い砂礫質の川底に整えることで産卵しやすい場所にすることができる。

放流
適した大きさまで育てた魚を川に放す行為。発眼卵放流、稚魚放流、成魚放流、親魚放流など、魚の成長段階や目的に応じた方法がある。漁協が増殖義務を履行する上で最も主流となっているのは稚魚放流だが、近年、その増殖効果は期待ほど高くないことが科学的に示されている。

内水面漁場管理委員会
都道府県に設置されている行政委員会で、漁業者・遊漁者（釣り人）・学識経験者などで構成。漁協に目標増殖量（義務増殖の数量など）を示したり、遊漁規則の制定や変更の際に知事の諮問に答申する役割を担っている。

漁協の漁場の全体図を見せながら天然魚のいる沢を示し、そこは禁漁やキャッチアンドリリース区間にして、その一方で放流をしなければ成り立たない川や区間にはたくさん成魚放流をして料金の高い特別区を作るなど、理論的な提案をする。これだけでゾーニング管理は進むと思います。ゾーニング管理という言葉を知っている組合員さんは多くても、実際に自分の河川に当てはめてゾーニング管理をイメージできる人は残念ながら少ないでしょう。

瀬川　大学の先生が研究活動の調査地にしながら、漁協にその川の特徴を共有するケースもありますね。専門知識を持ちながらコーディネートしてくれる人の存在はとても重要です。各都道府県の水試にそのような役割の人がいると、とてもいいですね。

増殖方法の変化

――中村さんが開発に携わった人工産卵場造成は、放流に代わる増殖法として注目されていますね。

中村　現在、結構多くの漁協が渓流魚の人工産卵場造成を行なっています。増殖義務の内容は都道府県の内水面漁場管理委員会が漁協に示しますが、人工産卵場造成をするように示す都道府県も増えてきましたね。都道府県が策定する増殖計画の中で、人工産卵場造成を強く推奨している県もあれば、基本は稚魚放流だけど、例えばその半分の量までは人工産卵場造成に置き変えてもいいとか、認める県が増えてきたのはうれしいです。渓流魚では養殖魚の稚魚放流ではそれほど魚を増やせないことがわかりましたから、生残率の高い稚魚が生まれる自然繁殖に頼ろうと舵を切る県が増えてきたようです。我々は「人工産卵場何平方メートル造成で養殖稚魚放流何尾分」という指針を作成したので、使っていただけるとよいと思います。

――釣り人が人工産卵場造成に協力する形も増えてます。

中村　渓流魚の人工産卵場造成は釣り人の心にも響くようです。ある漁協さんでは土曜日の午前中に組合員と釣り人が集まり産卵場造成の作業をして、その後集会所のようなところで一緒に昼食をとりながら雑談するそうです。すると、釣り人は漁協の仕事を理解できるし、漁協は釣り人の要望を知ることができます。

瀬川　その場合、人をどのように集めるかが課題ですね。知名度のある漁協ならいいけど、中心となって釣り人と深い関係性を築ける人が漁協内にいるかどうかも分かれ目だと思います。人工産卵場造成とは異なる例ですが、私たちは琵琶湖の流入河川で堰堤に簡易魚道を造る活動を続けています。ビワマスの産卵河川なのですが、魚道造りまではなかなか話が進まないので、漁協の組合長と私がコーディネーターとなって非出水期の期間中だけ設置する簡易魚道を造って三年目です。魚道ができたことで上流に存在しなかったビワマスの産卵床ができたという実績は作れていますが、残念ながら魚道造りが増殖義務の履行方法と認められないんです。

中村　渓流の簡易魚道の造り方は水産庁のホームページで公開されています。私は簡易魚道や魚の隠れ家を造ることも増殖義務の履行方法として認めるべきだと考えています。なぜならば、少なくとも渓流魚では放流の増殖効果は期待ほど高くないことがわかったからです。各地の川の大量のデータを集めたメタ解析で、全長十五センチの渓流魚を一尾増やすための金額を計算すると、稚魚放流は馬鹿らしいぐらいのコスト高ですから。私が漁協の増殖担当なら稚魚放流は絶対にやりません。ただ、それに代わる発眼卵放流は冬の寒い時期にやらなければならないし、失敗もあるでしょう。人工産卵場造成や発眼卵放流は適した場所がなければできませんし、技術を持つ人も必要です。

瀬川　放流の費用対効果の話が出ましたが、実際のところ多くの漁協で赤字の主要因は渓流魚の放流ではなく、アユの放流なんですよね。

中村　はい。我々の研究で、アユの放流経費をアユの遊漁料収入で回収するのはとても難しいことがわかりました。しかし、アユの放流量を減らしましょうよと言っても、ほとんどの漁協は「アユファースト」なんです。そこからも脱却してもらわないと赤字経営から逃れることが難しいです。

釣り人と地域住民

中村　漁協の組合員数が減ったり高齢化が進んだりして漁協の底力がなくなった時に、釣り人が漁協を手伝うという形もあると思います。本当は釣り人に組合員になってほしいのですが、釣り人が手伝ってくださるのはいいことですし、地元の方々が漁協のサポーターになってくれるのも、とてもいいことだと思います。

瀬川　やはりコーディネーター的な役割を持つ人が必要なんですね。それが組合長かもしれないし、地域おこし協力隊かもしれないし、私たちみたいなNPOかもしれません。水試内に地域おこし協力隊みたいな採用枠を設けてもいいのかもしれませんね。

理想の未来像

中村　「絶対にこれがいい」ではなく、川ごとにスタイルがあると思います。私がこの十年間やってきたことのひとつに、うまくいっている漁協の実例収集と、その手法や方法のリストアップがあります。そのリストを漁協さんに見ていただき、琴線に触れたものがあれば少しでもそれを取り入れてみませんか？とおすすめしています。

瀬川　中村さんの仕事により、手法のメニューはかなり揃ってきたと思います。ただ、それでも上手くいかないケースがあって、ひとつは漁協の実行力のなさによるもので、もうひとつはルールを決める行政分野の制約が多すぎるためだと思います。必要なのは法の解釈を変更するなどの見直しです。そのためには外部からの情報が入り続ける場が必要で、私たちはこの春から行政の方々との勉強会を開いています。あと、繰返しになりますが、漁協の力になるコーディネーターを増やすこと。漁協の委託権限を増やすなど、やり方はあると思っています。

中村　漁協に対して経営的なアドバイスをする部や課、係などを水試に設けてほしいとお願いしています。海面については、水産普及所がその役割を担っていますが、内水面にはそのような普及所はありません。しかし実は、組織規定の上で内水面の水試の仕事に普及活動が含まれている都道府県が結構多いんです。漁協の相談に乗れる人材としてどのような人がいいかというと、私は定年後に水試で再任用された人が向いていると思います。そのような人は定年までの間に都道府県の水産職員として水試で研究をしているし、水産課で漁協に行政的な指導もしているので、それぞれの漁協に応じたアドバイスができると思います。

——最後に映画『ミルクの中のイワナ』を観た人へのメッセージを。

中村　この映画をご覧になった方が、何か琴線に触れたなら、そこに向かってアクションを起こしてほしいですね。そのひとつは漁協さんへのアプローチ。釣り人側から「こんなふうにしてみませんか？」と話してくだされば、興味を持って聞いてくれる漁協さんもあると思います。市町村や県、国といった行政に働きかけるという手もあります。アクションを起こさなくても、映画を観て考えることで、自分がやってきた釣りの質をさらに上げる機会になるかもしれません。みんなが、もう少しイワナや環境に優しい釣りができるようになる、とてもいい映画だと思います。

瀬川　この映画をきっかけに、アクションが広がることを期待します。漁協と一緒に人工産卵場や魚道を作るとか、漁協が開催するイベントに参加してみるところからでもいいと思います。もう少し意識を持った人ならば、先ほどから話に出ているコーディネーターとしての役割を率先してやってもらえたらいいですね。アプローチの方法がわからなければ、私のところにぜひ、お問い合せください。それぞれができる範囲から、アクションを起こしていきましょう！

水産試験場
都道府県にある水産関係の試験研究機関。水産生物や水域環境、漁具、漁ろう、水産物製造加工などに関する調査研究を行う。

天然魚
放流された養殖魚や他の川由来の魚と交雑しておらず、遺伝子がそれぞれの川固有の魚のこと。在来個体群や在来集団。原種と呼ばれることもある。ちなみに野生魚とは自然繁殖で生まれた魚を指す。

ゾーニング管理
自然条件と社会条件に応じて生息域をいくつかの区域（ゾーン）に分け、増殖や保全、利用を図ること。渓流では一般区域に加え、禁漁などにして天然魚を守る区域、放流量を増やして釣りやすくする区域、釣法を限定した区域などを組み合わせた管理が行われている。

特設釣り場（特設漁場）
釣り人は通常の遊漁料より値段の高い遊漁料を払って釣りができる。魚が濃密に放流されていたり、釣り方がキャッチアンドリリースに限定されていたり、疑似餌釣り（ルアー、フライ、テンカラ）に限定されていたりする。

ニジマス
北米原産の外来種。育てやすく釣り人からの人気も高く、古くから多くの釣り場で利用されてきた。一方で、環境省・農林水産省による生態系被害防止外来種リストでは産業管理外来種とされ、特に北海道では広範囲で定着し、元々いた魚への影響が問題視されている。本州では河川での自然繁殖例が少ないこともあり特設釣り場などで利用されている。

人と川のより良い関係のために、環境DNA分析はどのように受け入れられていくのか？
この分野の先駆者である龍谷大学先端理工学部の山中裕樹教授と、ともに普及を進める
株式会社フィッシュパス代表の西村成弘に聞いた〈文＝森旭彦　写真＝坂本麻人〉

1リットルの水で、川の生態系がわかる 環境DNAの今とこれから

水を汲むだけで、今日の川がわかる

——環境DNA分析は、どのように水産資源の保護管理に活用できるのでしょうか？

山中　川や湖から一リットルほどの水を採って分析するだけで、特定の魚がいるかを調べることから、取水した水域にどんな魚が生息しているかまでを網羅的に調べることができます。この技術の利点は、生物を直接捕獲したり観察したりすることなく、生息環境についての情報が得られるということです。生態系のモニタリングや生物多様性の調査がより効率的に実現できる技術だと考えています。

——漁協ではどのように活用できそうでしょうか？

西村　より実践的なところでは、例えば放流後の釣り場に魚がどのくらい残っているのかを知ることができます。あるいはこれまでは経験に頼ってきた慣例放流を、より現実に則した効果的なものにできるとも考えられます。

漁協にとっては、今日の川にどんな魚がいるのか、いつ天然魚が遡上してきたか、どうやって増殖するかは日々の悩みです。漁協に便利な道具として環境DNA分析を活用していただきたいという気持ちで、山中先生と社会実装を進めています。

環境DNAは万能ではない

——実際に環境DNA分析によって、どれくらい調査は効率的になるのでしょうか？

山中　私たちが気をつけていきたいと思っているのは、環境DNA分析は便利な道具ではあるけれど、万能ではないということです。環境DNA分析を使った方が効率よく調べられることがある一方で、使わない方が良い場合もある。潜水調査などの既存の調査を完全に代替するような方法ではないということです。

環境DNA分析が得意とすることは、多くの場所を調べて比較するようなスクリーニング調査です。たとえば百地点を調査して比較する場合、実地の潜水調査では単純に一地点に比べて百倍の時間がかかります。環境DNA分析の場合、取水の手間はありますが、分析にかかる時間は百倍よりも遥かに短

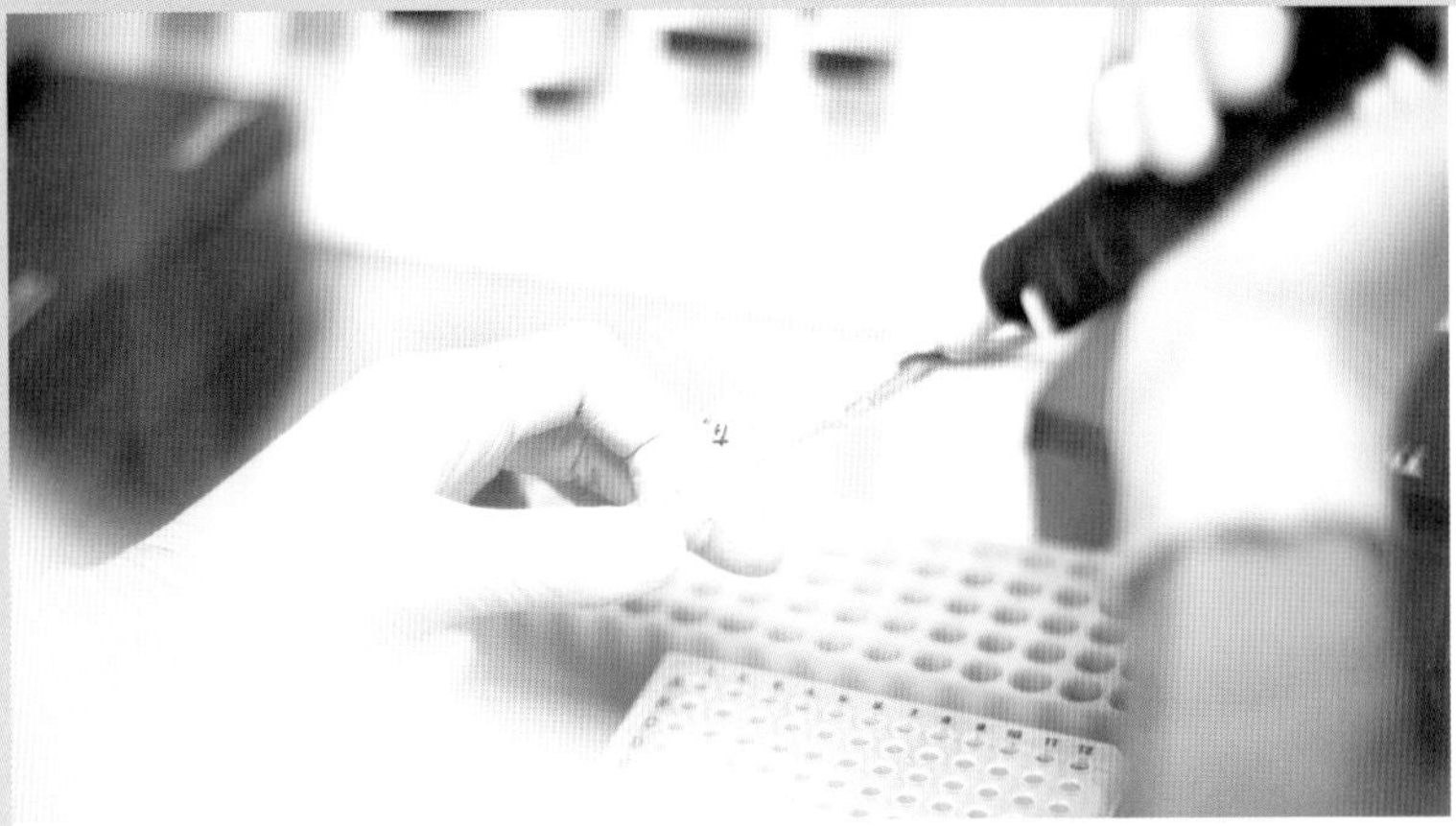

く済みます。一方で環境ＤＮＡ分析は、潜水調査が得意とするような、一地点から非常に多くの、詳細な情報を得る調査には不向きです。

西村　そうですよね、環境ＤＮＡ分析を便利なコストカットの手段のように捉えられてしまうと、「調査の予算を節約しよう」といった考え方になってしまうと思うのです。それは私たちもまったく望んでいないことですし、そもそもコストカットのために環境ＤＮＡ分析を活用することは間違っています。それぞれの調査方法の長所・短所を正しく知って、自分たちが調べたいことのために有効に活用することが大切です。そのために私たちは漁協へ出かけていき、どんなことを調べたいのか、環境ＤＮＡ分析で実際に何ができるのかをお話しさせていただきながら進めています。

山中　まずは漁協に気軽に、スモールスケールで使っていただきたいですよね。そのなかで、環境ＤＮＡ分析を使ったことで余った労力や予算を別の事業に再投資していただいたり、高齢化問題に対処するための手段として活用していただけたらと思っています。

魚の〝今〟がわかる環境ＲＮＡ

――環境ＤＮＡ分析は、将来的にはどのような応用ができるのでしょうか?

山中　環境ＤＮＡ分析ではＰＣＲ（ＤＮＡを増幅する方法）装置を使うのですが、現在小型化・高性能化が進んでいます。近い将来、いつでも、誰でも、どこでも、環境ＤＮＡ分析がさらに手軽に、安価にできるようになるでしょう。すると、たとえばサクラマスやアユの遡上の速報を、釣りの好きな若い人たちが自分で知ることができるような簡易分析システムまで出てくるようになると思います。

　また、漁協でアユの養殖をされているようなところでは、その管理に使うこともできます。病原菌の濃度を測ることもできますし、さらに技術が進歩すれば、魚が病気に感染したことも、環境ＲＮＡの分析でわかるようになると考えています。

――環境ＲＮＡからはどんなことがわかるのでしょうか?

山中　ＲＮＡを調べると、生物固有の状態を知ることができます。ＤＮＡの役割は、よく知られているように生物の設計図です。なので、体中のどこの細胞にも、ＤＮＡは同じ情報が入っています。一方のＲＮＡの役割は、設計図であるＤＮＡから、その生物が今必要としている機能を作り出すことです。たとえば、病気になってしまったときに免疫反応を起こす、といったときもＲＮＡが働きます。

　こうした特徴から、ＲＮＡを分析すると、生物の中でどんな反応が起きているか、つまりその生物の状態がわかるのです。病気に感染したか、子どもが生まれそうか、あるいは餌が足りておらず、飢餓状態に陥っているといったこともわかると予想しています。

　環境ＤＮＡ・ＲＮＡの分析が、将来的には漁協における意思決定に貢献できると嬉しいですね。たとえば、堰の下流側で、アユのＤＮＡ濃度が何日も高まり続けていて、上流域では高まってないようなとき、アユは遡上できていないわけです。そこで堰を開けるという意思決定のための判断材料として使われる、といったことです。

西村　こうした展望に共感してくれる方々の支援を集めて、大学発のベンチャーとしてやっていけるといいですよね。ただ、私たちは環境ＤＮＡ・ＲＮＡ分析を正しく理解するリテラシーを高めるための伝え方も考えていかなければいけないです。この技術は水産資源の保護に役立ちますが、悪用されると乱獲に結びつく危険性もあります。

山中　そうですね、水産資源を減らさずにうまく（釣り場としての河川の）管理経営をしていくということは、水産資源管理においてこれまでずっと議論されてきたことですが、環境ＤＮＡ・ＲＮＡ分析を活用した新たな展開ができると思います。

interview | 坂本麻人

はざまの世界

『ミルクの中のイワナ』はいかにして生まれたのか。
制作背景から編集に隠されたメッセージ、
そしてこの映画に込めた願いについて、
本作の監督・脚本・編集を務めた坂本麻人に訊いた。

文═奥田祐也　写真═山口雄太郎

対話を生むドキュメンタリー

――本作では様々な立場の人がイワナという魚をテーマに対話しているような印象を受けました。

僕は映画を編集する時に、鑑賞者がどの立場でこの映画を体験するのかを想像しながら編集しています。その時に思い浮かべたイメージが会議室なんです。出演者みんなが会議室でテーブルを囲ってイワナサミットを開いている。そこの空いている一席に鑑賞者が座っているイメージ。偉人や亡くなった伝説のミュージシャンのドキュメンタリーとかって、そういう作り方が多いような気がします。直接インタビューが叶わないから、周りの人たちの記憶や残された音源を頼りにその人が残してきた功績やその時代というものをひもといていく作業なんですが、これがまさに今回の映画には効果的なんじゃないかと思って。イワナは今も会える生き物ですが、喋ることもできなければ彼らの環世界を僕らは体験することもできませんから。

――映像だとより効果的な手法ですね。活字で同じことをやろうとしてもなかなか上手くいかないと思います。

映像の良さって、活字に比べて曖昧なままに表現できることかもしれません。この映画では答えを示したかったわけではありませんし、観る側に曖昧なまま受け取ってもらうことで、考える余白が生まれる。そもそも、はっきり断言できるようなことって自然界にはないと僕は思うんです。森田健太郎さんみたいな研究者ですらイワナについて語る時は「こう言われてる」とか、やっぱりどこか曖昧なんです。この映画の構造的に僕がおもしろく編集できたと思うのが、イワナの研究者の方たちの発言には曖昧な表現が多く、釣りをテーマに語ってくれた佐藤成史さんや芳山拓さんたちの方がロジックだということ。

――本来なら逆のイメージがあります。エビデンスを持っている研究者の方がロジックで話しそうなのに。

釣り人の方や漁協組合員さんの中には「いつも川や山に入っている自分たちが一番川の状況や魚を見ている」と自負されている方が多いんですが、そういう方がこの映画に登場する研究者の方たちを見て、「みんなこんなにイワナのことが好きなんだ」「仲良くなって一緒にイワナの調査をしてみたい」という意識になってもらえたらいいなと思っています。

――タイトルの「A Trout in the Milk」は聞き慣れない言葉ですが、いつ頃からご存じだったんですか？

知ったのは六年ぐらい前だったと思います。とあるドラマを観ていたら、「こんなに状況証拠が揃っているんだから、彼が犯人で間違いないだろう」というようなシーンで「a trout in the milk」と言っていたんです。気になって調べたら、十九世紀の作家ヘンリー・デヴィッド・ソローの言葉だった。代表作『ウォールデン 森の生活』の元になった日記（JOUNAL November 11）にその言葉は載っていて、シャーロック・ホームズの花嫁失踪事件でもこの言葉が引用され、おもしろい言葉としてずっと印象に残っていたんです。それから何年も経ってイワナをテーマにしたこの映画を撮ることになった。いざ取材を始めると、こんなに状況証拠が揃っているのにみんな問題が何かを必死に探そうとしている現実に直面しました。おそらく次から次に出てくる問題探しに労力を使いすぎて、結局解決するアクションに至らないことが多いのではないか。それならまずは何が問題かではなくて、状況証拠を集めて体系的に整理するのが有効だと思った

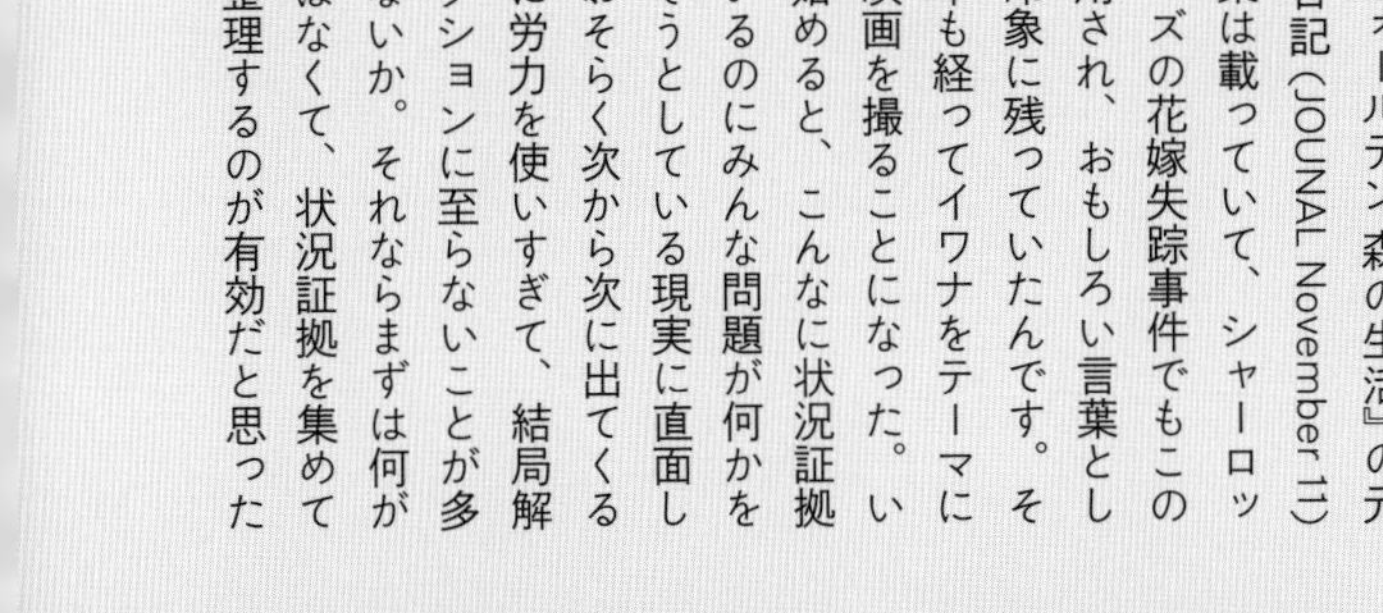

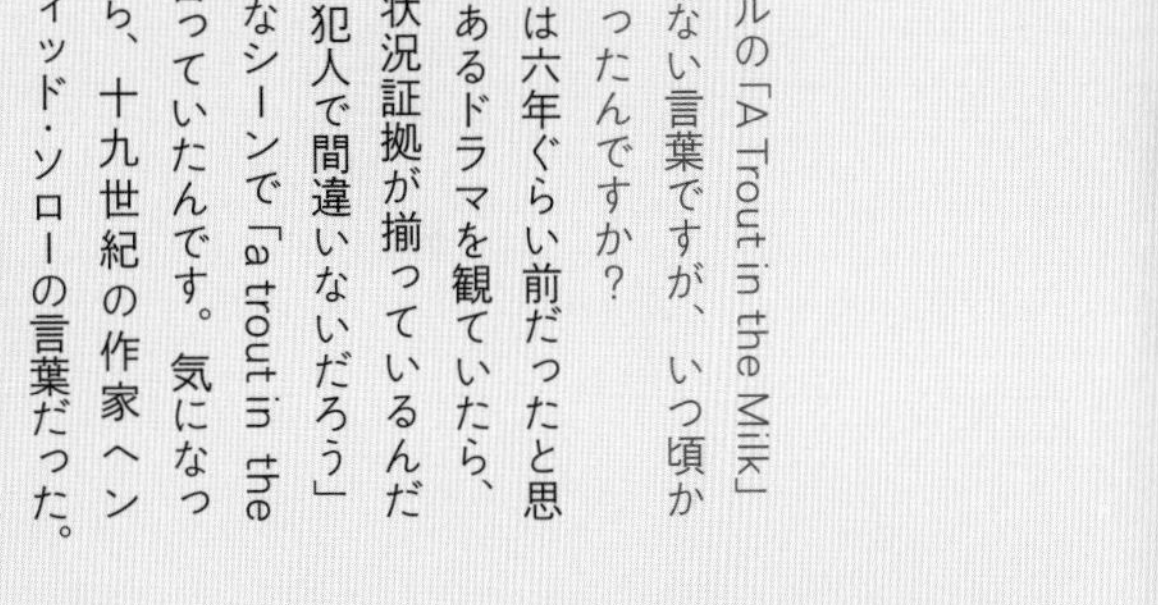

んです。つまり鑑賞者が探偵となって、様々な研究者や釣り人に事情聴取をしてイワナをめぐる状況証拠を集めていくという構想ができあがっていったんです。

――なるほど。私たちはシャーロック・ホームズというわけですね。

そうです。映像を通じてなら、事件が起こっている川や漁場にみんなを連れていける。そういう視点で伝えるための映画を作ろうと、僕の姿勢としてこの「A Trout in the Milk」という言葉を使いたいと思ったんです。

――イワナが棲んでいる山奥の渓流の風景や水中のイワナの姿を初めて目にする人も多いでしょうね。もちろん情報量も多い映画ですが、鑑賞者は体験としても映画に浸れる気がします。

今はたくさんのサブスクリプションサービスもあり、膨大な量のドキュメンタリー作品を観ることができますよね。僕も普段から好んで観ているほうなのですが、スマホやPCのディスプレイで観ていると、何か情報を得ようとドキュメンタリー作品を観ている自分に気づく。映画って本来はそうではないはずで。スクリーンで映画を観る醍醐味は「体験」にあると僕は思っています。そういった意味で、どうやったらこの映画が伝える問題を体験化できるかを意識しました。本編を観てもらうと気づくかもしれませんが、川での映像は釣り人の目線を重要視しています。吊り橋の上から川を見下ろすことはあっても、あまり上から下流を眺めない。釣り人は基本的にずっと川上を見ているんです。釣り上がっていくものなので。

――釣りをしたことがない人も実際にフィールドにいるような感覚を味わえれば、釣り人や研究者と同じ目線で考えることができるかもしれませんね。

この映画を観た後にどんなアクションが生まれていくのかはまだわかりませんが、そもそも何かアクションを起こしたいと思っていた人たちは多いと思うんです。そういう人たちがこの映画を観て、もう少し明確なアクションを取れるようになれば嬉しいですが、何よりも対話が生まれるようになればいいと思っています。その時その時で川や森や魚を取り巻く状況は変わっていますので、自然が発するメッセージを受け取って、今の状況について話し合うひとつのきっかけにこの映画がなってくれたら嬉しいです。

釣りの体験がもたらすもの

――十二人の多種多様な出演者はどのように決められたのですか?

イワナという魚に興味が湧いて、最初に手にしたのが中村智幸さんの『イワナをもっと増やしたい!』でした。まず中村さんにお声がけすると、今度は中村さんが高原川漁業協同組合の徳田幸憲さんやキリクチやハリガネムシの調査研究をされている佐藤拓哉さんを繋いでくれた。そうやって徐々に取材リストが増えていくと、みんな口を揃えたように森田健太郎さんの名前を出すんです。研究者って人前に出ない方も多いので僕は知らなかった。それで気になって森田さんの研究論文を読み漁り、研究室に直接連絡しました。自分で全部決めたわけではなく、周囲から助言をもらいながらこの映画はできあがっていった感じですね。

――取材をしていく中で気を付けていたことはどんなところですか?

当初僕はいかにして中立に立つかを重視していました。でもそれではただの聞き役でしかなくて、どうすれば、人間中心的な議論では無く、イワナを中心にした対話ができるのか。その為には、ちゃんと自分の中のバイアスというものを見つけることを意識するようになりました。バイアスは当然編集にも影響してきます。僕だったら、研究者ってやっぱりかっこいいなとか。それに、無意識にバイアスがかかったものの見方をしている人たちに出会った時に、相手にいかにそのバイアスに気づいてもらえるかを考えるのは対話のトレーニングにもなります。「それは偏見です」と直接言えば喧嘩になってしまうので。

――釣り人、漁協、研究者、それぞれの立場や世代によって、対話を妨げてしまうバイアスはあるでしょうね。

問題を見つけて外から叩いたりもの

を言う人たちにしても、それを言えるのは自分が毎日のように魚や川のことを考えなくていいからだし、ご飯もあって生活に余裕があるからかもしれない。あなたが文句をぶつけている相手は、日々悩みを抱えながら必死に暮らしている人たちかもしれない。そういったことも想像力を持って向き合わないといけない。それはもちろん自分にも言えることです。遊漁解禁時にバケツいっぱいにアマゴを釣っている方を見かけると「そんなに釣ってどうするの？」って正直思うこともあるけど、その人たちがなぜこんなにたくさん魚を釣りたい欲求に駆られるのかを聞いてみると、昔のようにただ釣っているだけだと。または、昔読んだ釣り文学やエッセイの世界、すごくたくさんのイワナが釣れた時代に憧れ続けているんだと。僕らにもそういうところってありますよね。幼少の頃に憧れた魚は今も憧れのままだし、高校生の頃に初めてアマゴを見て「こんなにきれいな魚もいるんだ！」という感動が僕の根底にあります。魚の研究者には関西出身の人が多いのですが、彼らになぜサケ科魚類に憧れるのかを聞いてみると、家の近所の川がきれいではなかったり、美しい渓流魚に出会えない川だったからなのだと。

——美しいものを見た体験というのは鮮明に残りますよね。そして釣りはそのきっかけを与えてくれる。

僕にとって釣りは自然と深く関わりを持てる手段のひとつだと思っています。自然との距離がどんどん遠のいている現代で、子供でも誰でも生物と関われるレジャーとしては、釣りが一番身近なのではないでしょうか。今のご時世、命との距離が遠のいてしまっているように感じます。その一方でジビエが流行っているとはいえ、鹿や猪などの駆除が必要とされている地域も多いので、狩猟免許を取って狩猟を始める若い人たちが増えていますが、やっぱりみんなが狩猟を嗜むにはハードルも高いし、何よりも銃を持って野生動物を殺すことを目的に楽しみを見出すのはなかなか難しいと思う。

——狩猟という行為のエッセンスだけを味わいたいのであれば、釣りで十分なところもありますね。命の交感みたいなところは釣りにもありますから。

釣り上げた魚を手に取った時、目の前の命の生殺が自分に委ねられていることを考えさせられる瞬間があるんです。それこそが、僕自身が野性的な領域に足を踏み入れるスイッチなのかも

『ミルクの中のイワナ』の撮影は、2022年9月から11月にかけて北海道、東北地方、中部地方と広範囲にわたって行われた。（写真左上）秋田県で行われた環境DNA調査に同行取材。（右上）山中裕樹教授のインタビューの様子。（左下）フィッシングジャーナリストの佐藤成史の釣りに同行取材。（右下）佐藤拓哉准教授のエレクトロフィッシャーを用いたサンプリング調査に同行取材。

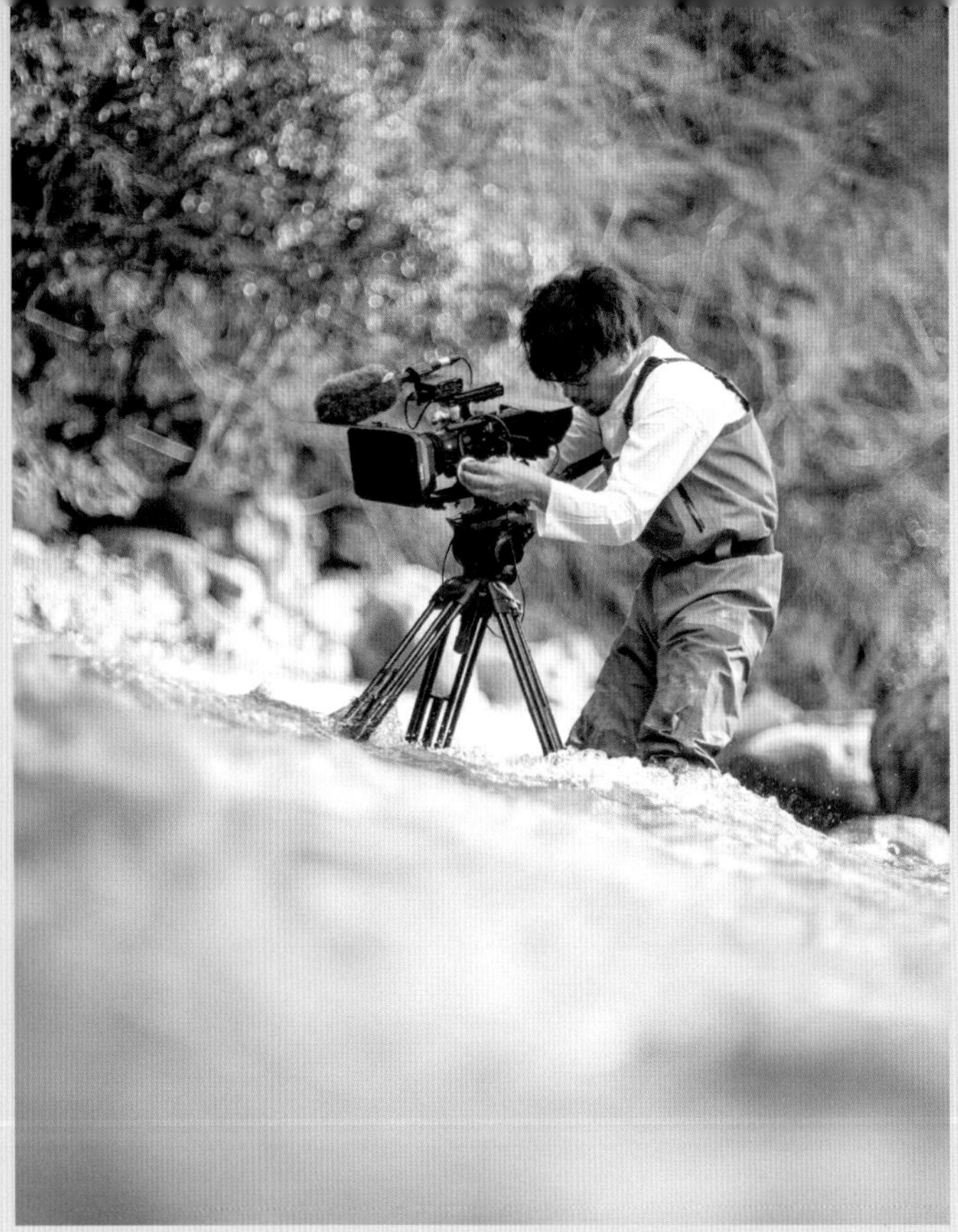

しれない。特に渓流釣りでは、クマとか猛禽類とかそこに棲む野生生物たちと同じ目線で自分も魚のことを見つめている——まるで自分も彼らと肩を並べている感覚になれるんです。それに、この岩場から足を踏み外したら簡単に死んでしまうという人間の脆さや弱さを感じることで、常に生と死が隣り合わせの野生生物たちの領域に自分も近づいている感覚を覚える。そうすると、釣りは単なる人対魚のレジャーではなく、一頭の動物と魚、あるいは生物同士の対峙になれるのではないだろうか。そんな願望があるから、僕は渓流釣りにロマンを感じ続けているんだと思います。

遠野から始まった物語

——坂本さんがこの映画を作ろうと思ったきっかけとして、岩手県遠野市でイワナを釣っていた時の体験があったそうですね。釣りをしていると遠くから太鼓の音が聴こえてきて、その日はちょうど早池峰神社の例大祭の日で郷土芸能のシシ踊りが行われていたと。

　そうですね。四百年前から伝承されてきたシシと、はるか昔からそこに棲むイワナたちが僕の中で重なったあの体験というのがあったから、イワナに強い興味を持ったことに間違いありませんが、これはパーソナルな体験という意識があって。映画の背景としてみなさんに共有できるものなのかわからなかったんですが、シシとイワナが人間の価値観では捉えきれない野生の象徴のように僕には映った。この映画に関する取材やイベントで「どこのフィールドのイワナが好きなんですか？　ヤマトですか？　それともニッコウですか？」と聞かれることも多いのですが、魚種にこだわっているわけではない。この場所に昔から棲んでいるイワナに会ってみたい、そういう感覚で僕は釣りというものが好きだから、遠野のあの川は僕にとっては特別な場所。釣りをしている時にあの太鼓の音が聴こえてきたのは奇跡的なことだと思っていて。まるで柳田國男が遠野の地でシシ踊りと遭遇した百年以上前にタイムスリップしたかのような感覚でした。あの瞬間にうっすらと見えたイメージを手探りで見つけようとして、この映画ができていった感覚はありますね。もし遠野という土地じゃなかったら、あの時遭遇した儀式のような例大祭が、屋台がいっぱい並んでいるようなよく目にする祭だったら、受け取る印象は違ったと思います。そこにしかない伝統や郷土芸能、祭りと偶然にも出会えたことが重要だと思っています。

——坂本さんは遠野で映像制作もされていますよね。遠野と関わりを持つようになったのはどのような経緯で？

　本作の共同プロデューサーであり、

パートナーの塚田有那の影響です。彼女が柳田國男の『遠野物語』が好きだったこともあり、民俗学とか文化人類学に関心を持っていて、遠野でフィールドワークがしたいと話していたんです。それで、とある研究機関の死生観研究プロジェクトに採択されたことがきっかけで、遠野在住の有識者の方に死生観や遠野における魂などを題材に取材に行くことになって。映像の記録を任された僕は全く無知な状態で行ったんですが、すっかり圧倒されてしまった。遠野は、他の地域に比べて独特の死生観や土着の文化が脈々と受け継がれていて、これはただの映像記録としてではなくドキュメンタリーにするべきだと思って『DIALOGUE WITH ANIMA』という短編作品を作った。

——坂本さんはツアー型イベント「遠野巡灯篭木（トオノメグリトロゲ）」の総合演出・プロデューサーや、死の定義を問いかける展覧会「END展」のクリエイティブディレクターも務められてますが、本作も含めてすべては遠野から始まっているのですね。

　そうですね。『ミルクの中のイワナ』に至るまでのこの四年間は、塚田と一緒にひとつの軸で活動してきました。

先程の話に戻ってしまうのですが、釣りをして小さな命を握る瞬間や山の源流域で生物としての自分の弱さを感じる瞬間に、いかにして人間は再び動物に戻れるのかという考え方は、遠野という土地やシシ踊りから多大な影響を受けています。遠野での体験がなければ、僕はいまだに人と魚の距離感のままで釣りをしていたような気もする。まだ人と動物を区別する言葉もなかった時代は、あらゆる境界が今よりもずっと曖昧だったと思うんです。その曖昧な世界というものをどうすれば現代に生きながらも体現できるだろう——その答えを僕は自身の活動を通じて探しているんだと思います。

——金関寿夫さんの『魔法としてのことば』の世界ですね。「ずっと、ずっと大昔 人と動物がともにこの世に住んでいたときなりたいと思えば人が動物になれたし動物が人にもなれた」

　そこに釣り人は、立ち戻ることができるような気がしています。この映画では、自然との関わりのひとつに釣りがあり、水中撮影や、食べることも関わりだと伝えています。釣りをすることで資源量調査にも繋がるなどのロジック的な部分だったり、守りながら関われるそんな未来の話ができるように描いていますが、「野生生物と人の境界とは？」という問いを残している。本作では描ききれなかった部分をたくさん残している。だからまだ僕の中でこの映画は続いているんです。

「遠野巡灯篭木 '22」の張山シシ踊り feat. コムアイ（写真＝三田村 亮）

坂本麻人

大阪生まれ。東京在住。ドキュメンタリー映像作家。2024年公開のドキュメンタリー映画『ミルクの中のイワナ』の監督・プロデューサー。これまでに岩手県・遠野市を舞台に死生観をテーマにした短編映画『DIALOGUE WITH ANIMA』を監督し、また遠野における民俗文化をめぐるツアー「遠野巡灯篭木（トオノメグリトロゲ）」の総合演出、プロデューサーとして活動。その他に、国立研究開発法人科学技術振興機構（略称 JST）の研究領域 ERATOxHITE『BRAIN-AIxHITE』の映像作品や、アーティスト長谷川愛の映像作品『Shared Baby』（森美術館「未来と芸術」展 出品）や市原えつこ『未来 SUSHI 研究者は語る』（森美術館「六本木クロッシング2022」展 出品）などの監督・監修を担当。映像プロダクションTHE LIGHT SOURCE主宰、2024年より一般社団法人Whole Universe代表理事に就任。

自然・生態系をめぐる社会問題を身体で知覚する

DAISUKE TANABE × YOSI HORIKAWA

劇伴楽曲を担当した2人の音楽家たちは、これまでにフィールドレコーディングを通じて自然と関わり、釣りを通して自然と対峙してきた。彼らはどのような思いを持って『ミルクの中のイワナ』の音楽制作に挑んだのだろうか。

文＝大石始　写真＝丸尾和穂　構成＝奥田祐也

音楽と風景が生み出す流れ

TANABEとHORIKAWAが坂本麻人監督の作品に参加するのは『DIALOGUE WITH ANIMA』に続いて二作目となる。二人はこれまで国内外で様々なコラボレーションを繰り広げてきた。本作で二人に劇伴楽曲を依頼した坂本には狙いがあった。自然との関わりをテーマとする本作において、二人がそれぞれ異なる自然とのコミュニケーションツールを持っていたことだった。

本作では、水中を泳ぐイワナたちや渓流の水の流れ、水面に波紋が広がっていく様子など、さまざまな水のイメージが映し出される。それに呼応するように、二人が作る音楽にも水のイメージが織り込まれている。

HORIKAWAは日々フィールドレコーディングをしている。環境音や日常音を録音し、編集する作業を日々繰り返してきた経験が、今回の楽曲制作にも活かされたと振り返る。

「水って音のヴァリエーションが豊かなんですよね。水中のシーンがすごく綺麗だったので、イワナが泳いでいる時に聴いているであろう音を少し想像していました。ただ、今回は映像に自然の音がいっぱい入っていたので、あらためてフィールドレコーディングはやっていないんです。普段は自然音をレコーディングするところから制作を始めるわけですけど、今回はそのプロセスはなかった。水の音を使わないで水っぽい表現を考えたりと、僕にとってはそういうやり方も刺激的でした」

TANABEもまた音作りを進めるにあたって水のイメージがあったというが、彼の場合は釣り人としての感覚も持ち込まれていた。

「冷たい水の中に足を入れた時の感覚や急流の中を歩く感覚だったり、水底に足が沈む感覚だったり。釣りをしている時に体感してきたものは意識していたと思います。釣りを通じて自分と魚だけしかいなくなるような感覚を常に味わっているので、そういうイメージが活かされたところもあります」

本作のサウンドエディターは、監督自らが担当した。本編の内容と同等に音楽も聴かせたいという坂本の思いから、すべての楽曲がDJミックスのようにシームレスに繋がっている。それについてTANABEは「この映画は物語が通っていくコースと音楽が通っていくコースが完全にシンクしている」と、その編集手腕に感嘆する。

音楽と風景が生み出す清流のように心地よい流れは本作独特の没入感にも繋がり、観る者をスクリーンへと誘う。「問題や課題をひとつの体験として感じてほしい」という監督の考えが反映されていることを受けて、「釣りをしながら社会問題に触れるという考え方に似ているのかもしれない」と言うHORIKAWAに、TANABEも続く。

「釣りだって何かの問題を知ろうと思ってやることじゃなくて、後から自然の問題とかが身体を通して入ってくるんですよね」

フィールドレコーディングと釣りには共通するところがあると、HORIKAWAとTANABEは話す。

「こういう音を録りたいとイメージしているんですが、行ってみると想像と全然違う音が鳴っているんですよね。自然はいつも自分の思い通りにはいかない。でも、たまに思っていた以上のおもしろい音が録れることもある」

「まったく釣りと一緒だよね。釣りも対象魚を決めて川に入っていくんだけど、まったく釣れないこともある。かといって思いがけない大物が釣れることもあるわけで」

「なるほど。キャッチするという意味ではマイクも釣竿も一緒だしね」

釣竿とマイク、手にしているものは異なるが、二人の自然との関わり方は極めて近い。自然を思い通りにコントロールしようとする人間中心の考えではなく、自然と対峙し、感覚を研ぎ澄ませ、身を委ねる。そうした二人の自然観が本作の劇伴にも反映されている。

YOSI HORIKAWA

環境音や日常音などを録音・編集し楽曲を構築するサウンド・クリエイター。2012年のEP『Wandering』、2013年の初アルバム『Vapor』、2019年の2ndアルバム『Spaces』をリリース。全て英紙The Guardian, The Japan Times等、多数媒体のBest Album of the yearに輝く。Glastonbury Festival, Sónar Barcelonaを始めとする多数の世界的大型フェスティバルに出演。

DAISUKE TANABE

偶然の重なりから初ライヴはロンドンの廃墟で行われた大規模スクウォットパーティー。06年、紆余曲折を経てリリースした初のEPがBBC Radio1 Worldwide Awardにノミネートされ、その後も世界最大規模の都市型フェスSónar Barcelonaへの出演、イタリアでのデザインの祭典ミラノサローネへの楽曲提供等幅広く活動中。釣り好き。

秋田県出身の絵画作家・永沢碧衣がサウンドトラックのアートワークを担当。

A TROUT IN THE MILK Original Motion Picture SoundTrack

Artists : Daisuke Tanabe , Yosi Horikawa
Artwork : Aoi Nagasawa / Design: Aasato Sakamoto
Distributed by ULTRA-VYBE,INC.

釣りキチ三平とイワナ

日本の釣り人口が増加した七〇年代、その文化の礎を担ってきた矢口高雄による漫画『釣りキチ三平』は私たちに何を伝えてきたのか。〝自然を科学する〟をテーマに描かれた釣り漫画が描く人と自然との関わり方について、今こそ考えたい。

文＝奥田祐也　協力＝矢口プロダクション

釣りキチ三平 第31巻「カラクサイワナの巻」より ©矢口高雄／講談社

一輪の野の花を誤魔化さず

『釣りキチ三平』が生まれたのは今から五十年以上前、「週刊少年マガジン」で一九七三年から十年にわたって連載された。本作の主人公は、東北の山間に育った釣り好きの少年・三平三平《みひらさんぺい》。天性の才能とひらめきで、各地の古沼や滝つぼや淵、あるいは深い湖に潜む巨大魚や幻の魚を釣り上げていき、ベテラン釣り師たちの度肝を抜いていく物語は、釣り人のみならず多くの読者を魅了し、七〇年代の日本の釣りブームを牽引してきた。コミックスは六十七巻を数え、さらに二〇〇二年から不定期連載で始まった『釣りキチ三平 平成版』は十二冊刊行されたのち、二〇二〇年についに未完の作品となった。

水辺を舞台にした魅力的なストーリー、卓越した自然描写、そして臨場感と迫力に満ちた釣りの描写は、作者の実体験が為せる技でもあった。秋田県の奥羽山脈の山あいの村に生まれ育った矢口高雄は、三平くんのように忙しく野山を駆けずり回って、昆虫採集や山菜採り、そして釣りに明け暮れた。矢口が子供の頃の釣りは、基本的に食べるための行為。それは子供にできる家計の一助であり、自然の懐へと分け入るための最良の遊びでもあった。矢口が住んでいた村を流れる川は上流に位置し、いわゆるイワナ域だったため、イワナにヤマメ、エゾウグイ（クチボソ）、カジカといった魚が矢口少年の遊び相手だった。つまり、ふるさと秋田の風景の中で釣りに興じる三平くんというキャラクターは、少年時代の矢口の分身とも言えるのだ。

矢口は『釣りキチ三平』の連載時に数多くの巻頭カラーを描いた。躍動する三平くんのまわりには、四季折々の風景や生き生きとした魚の姿が細部にわたり一切妥協のない線や色彩で描かれている。なかでも水の描写は、実際にその景色の中で過ごした釣り人にしか表現できないリアルさがある。川面の水しぶきからその速さ、水圧、深さまでをたった一色のペンで描き分ける矢口が、特にこだわったのは魚が潜む〝ポイント〟の描写だという。魚種によって異なるポイントと魚の気配を見事に描き分け、漫画というフィクションの中に巧みにリアルを織り交ぜている。

「一輪の野の花を誤魔化さず」矢口の作画へのこだわりはこの一語に尽きる。一九八六年に刊行された再編集版（KCスペシャル）のあとがきで、矢口は漫画の定義について触れたうえで、次のように持論を述べている。

――

「ボクは、『漫画』とは、『人間のリアリティの追求』だと思う。人間にとって何が美しいことであり、何が醜いことであるか。何が正しいことであり、何がまちがっているか。幸福とはどんなものか。そうしたことを追求するのが『漫画』だと思っている。
　そうしたリアリティを追求すればするほど、ボクの場合、どうしても絵までリアルになってしまう。その場の気分やムードを表現しようとすれば、どうしてもリアルにならざるをえないのである」

漫画の枠を超えて

『釣りキチ三平』には魅力的な登場人物が数多く登場する。なかでも三平くんの育ての親であり名釣竿職人の祖父・三平一平《みひらいっぺい》や、三平くんの兄貴分として様々なフィールドへと連れ出してくれるプロ釣り師の鮎川魚紳《あゆかわぎょしん》、三平くんも含めたこの三人には三者三様のスタンスを矢口は与えている。釣りの楽しみを優先するあまり、時に安易な方に流されてしまいそうになる三平くんを時に優しく諭し、何が正しいのかを考える気づきを与えてくれるのだ。矢口の中には三平くんも含めた複数の人格が同居し、漫画のコマのうえで対話を繰り広げながら我々読者に語りかけていたのだろう。
　一平じいさんのスタンスを表している、象徴的な言葉がある。

―

「日本という国は知ってのとおり細長く、ちいさな島国じゃ。しかも春夏秋冬の四季がこんなにもはっきりした美しい国はほかにはねえときく。それだけにその土地土地に適合したいろいろな魚が棲みつき、その土地土地の人々とともに、今日までくらしてきた……。そんな日本という国とそこに棲む魚や自然の姿を、釣り人が〝釣り〟のためにかえちまうことだけはしたくねえとわしは思う……」

　これは一九七七年刊行のコミックス二十二巻「湖の殺し屋ブラックバスの巻」の中のたった二コマにさりげなく描かれた言葉だ。また、矢口がスケッチに描く魚紳さんの横には、尊敬する開高健氏の言葉を書き添えている。

―

「ステーキを喰った口で動物愛護を語り、便利な都会生活を営みながら自然破壊を嘆く。私は私がわからない。自分がわからない」

　釣りというレジャーを通じて三平くんは多くの人と触れ合い、一平じいさんや魚紳さんに導かれて、人は自然とどう共生していけばいいのかを考えていく。それは同時に、漫画の枠を超えて読者に投げかけられた、矢口なりの問いかけでもあるのだ。

イワナという魚に託した思い

『釣りキチ三平』に登場する魅力的なキャラクターとして、忘れてはならないのが魚だ。三平くんが果敢に挑む魚の中にはまるで人格があるように描かれるものがいる。イワナはその筆頭と言える。『釣りキチ三平』においてイワナがモチーフのエピソードを振り返ってみると、「夜泣谷の怪物」「メッコ岩魚の怪の巻」「黄金谷のキンイワナの巻」「カラクサイワナの巻」「しぐれ谷のバケモノイワナの巻」「双頭の岩魚」といった具合に、なんとも魅力的なタイトルが並ぶ。イワナという魚は謎めいた存在として読者を物語へと誘い、さらには環境問題という危機意識をそっと読者に提示するのだ。
　イワナに対する矢口の特別な思いが感じ取れるのが、連載初期に描かれた人気エピソード「夜泣谷の怪物」だ。この作品では、ダム建設が計画されている夜泣谷を舞台に、生物が暮らせる環境を守ろうとする炭焼きの銀次という男と、ダム工事技師で絶縁状態にある息子の銀一という、親子の対立構造と和解に至る様が描かれている。その仲介役となるのが、夜泣谷に潜む片目

釣りキチ三平 第55巻「イワナ大移植作戦の巻」より ©矢口高雄／講談社

の大イワナ「左膳岩魚」と、それを釣ろうと果敢に挑む三平くんなのだ。人里離れた深山幽谷には、こんな主が人知れず暮らしているのかもしれない。そんな彼らの生きる環境を人間の都合で変えていいのだろうか。そんなメッセージを、開発による環境破壊が深刻だった七四年に、矢口は少年誌の娯楽性の中に絶妙な塩梅で織り交ぜている。
　また、自然と人との共生をテーマに描いた、まさにマスターピースと言えるエピソードに「イワナ大移植作戦の巻」がある。これは、イワナ止めの滝・不動滝の上流にイワナを定着させてイワナの宝庫を作ろうと、三平くんをはじめとする釣りキチたちが奮闘するエピソードだ。釣ることばかりではなく、たまには魚を育てることも必要だという三平くんの発案にみんな賛同し、川下で釣ったイワナを手分けして担いで滝の上へ移植を試みるも、様々な災難が振りかかる。ここで印象的なのが、一平じいさんと三平くんの掛け合いだ。
　一平じいさんは、自分たちは神さまの意に背くバチアタリなことをしているのではないかと次のように思い直す。

—

「よそからイワナを移植して、この猿沢をイワナの宝庫にしようということは一見よさそうにみえるが……みかたをかえればそれはわしら釣り人の手前勝手な考えかもしれん……。この猿沢は何千年何万年ものあいだイワナの棲まねえ沢として今日まですぎてきた。このことはとりもなおさずこの猿沢をつくった神さまが初手からそうきめてつくったのかもしれねえ……」

　どんなに科学が進んで宇宙に行けるようになったとしても、人間は台風も地震も止めることすらできない。人間は自然に逆らえないのだという一平じいさんの考えに対し、三平くんは自分の釣る魚を自分で増やそうとして何が悪いのかと反論する。

—

「たしかに自然は偉大だし、おらたち人間なんかにゃおよびもつかねえ力をもってる……!! んだどもおらたちはその自然のなかでくらしてるだ……! くらしてる以上はつねに自然と闘い……そいつをうめえこと利用するのも人間じゃねえのけえ……!?」

　この二人のやりとりは象徴的なものだ。どちらも正しいと言えば正しいと言えるし、映画『ミルクの中のイワナ』が描くテーマとも重なる部分でもある。人間の知恵に希望を求める三平くんは、この「イワナ大移植作戦の巻」でも最終的に自分なりの答えを導き出して行動に移す。
　矢口高雄が『釣りキチ三平』の登場人物の中で最も好きなのは、この一平じいさんだという。『釣りキチ三平』が連載された七三年から八三年というのは、高度経済成長が終わってバブルへと向かう、まさに物質主義、消費主義の時代。それにともなって、矢口のふるさとである秋田も含め、生活苦・経済苦による自殺率の高さは深刻な問題だった。『釣りキチ三平』の最終章では、「私たちはどう生きたらいいのか」その道筋を示してきてくれた一平じいさんが亡くなってしまう。これからの時代、自分で考えて生きていかなければならない、そんなメッセージを矢口は漫画に込めて発信したのかもしれない。
　最後に、矢口が一平じいさんのスケッチに書き添えた言葉を紹介したい。

—

「人間はいろんなことを考え、たくさんの便利なもんを創って来たけど、肝心なもんを壊しちまってる。困ったもんじゃ……」

釣りキチ三平 第55巻「イワナ大移植作戦の巻」より ©矢口高雄／講談社

出演

佐藤成史〈ライター、フォトグラフ

宮沢和史〈音楽家〉

3

CHAPTER 10
Dialogue with Trout

CHAPTER 11
Involved in the Trout

CHAPTER 12
Trout as Commons

CHAPTER 13
Respect Their Way of Life

人間でいったら移民史みたいな、壮大な物語というか。
ただそこには少し哀しみがあるというか、帰れない悲しみというか、
そういうのを僕ちょっと、イワナに感じるんですよね
——宮沢和史

第10章 イワナとの対話

――魚を守りたいなら釣らなければいい、放っておけば魚は増える。現実的にイワナを守りたいと思っている方々はどのように考えているのだろう。

佐藤成史　一匹をどうやって大切に釣ろうか。一匹一匹釣ったらその魚がどんな魚か観察して、その魚を愛でるような気持ちになれるか。ただ魚を釣るということではなく、その魚を釣るための作業。例えばフライを巻くとか。ではそのフライは何をモデルにして巻くの？　水生昆虫だ、陸生昆虫だという話ですよね。ではその水生昆虫とか陸生昆虫というのはどういう生き物でどういうところに棲んでいるの？　ということになりますよね。どんな川にどんな虫がいて、どんな森にどんな虫がいて、結局自然界の状態を把握していないと自分の釣りは成立しなくなってしまう。

森田健太郎　私自身、高校生まで渓流釣りをしていましたが、イワナとの距離が結構あったんですね。イワナに見つからないように釣ろうと思うので、上手くなればなるほど遠ざける気がするんです。大学一年生の時に、当時写真部の友達ができたんですね。写真部だということもあってイワナの水中写真を撮りたいと。潜ると魚を見る数が圧倒的に増えるんです。こういう小さいイワナもいるんだ。あるいは釣りでは釣れないような魚、ドジョウですとかカジカ、そういったものもいるんだというのが知れるんですね。

宮沢和史　音楽の世界に憧れてきたんですけど、いざ歌手になってみると大変な世界で、自分の実力のなさとかにもがくわけです。ちょっと逃げ出したくなった時期が（THE BOOMで）デビューしてすぐにありまして、どうしよう、釣りに行ってみようかなと思って「一週間ぐらい休みください」と釣りをしてまわったんです。いい場所を見つけましてね、一カ所のポイントなんですけど、一投で釣れるんですね。その時僕は色々な釣りしてまして、ルアーを投げてみたりミャク釣りをやってみたり。もう入れ食い状態。フライでももちろん釣れて、天国みたいな所だと思ったんですけど、だんだん自分の釣りが雑になってきてるのがわかった。魚の口なんかも切れてもそのまま逃したりして、そんな釣りをしてたんです。次の日も同じ所に行ったら、釣れないんですよ。釣り過ぎて。もうそれがショックで。こんなのは釣りじゃないぞ、殺戮だぞって。沖縄の地上戦を見ているような、恐怖でちょっと動悸がするぐらいの。それもあって釣りって難しいなと思った。「じゃあ釣らなければいいじゃん」ってまわりの人は言いますよね。魚を減らしたくないんだったら釣らなければいいじゃないかって。簡単な方程式かもしれないけど、そこにこう何か、僕なりの釣りを探してるというか。

森田　守るために魚をまったく食べないという方もいますが、私はどちらかというと食べて守る派です。関わりを持って守るという方が僕は好きですね。関わらずに守る。それこそ今はもう魚を食べずに代替肉とか大豆から魚の肉を作ってという、そういうやり方も対極的にあるとは思うんですけど、その魚を食べて魚を

「イワナというのは人々の認知のわりには本当のことがね、知られていない魚の1種なわけ。イワナのプロファイルというのはそういうものがほぼ研究されていないというのが実情なわけですよ――佐藤成史」

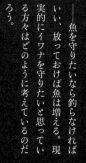

見ないと、関わってないと守れない気がしています。生き物の守り方って難しいですよね。生き物との関わりを絶って完全に原生の状態になるべくして、人間は関わらないようにして守るんだという考え方がある一方で、自分たち人間が関わることで、生き物が置かれている状況を理解できるし、何が問題なのかというのも理解できるという考え方もある。僕は後者の方が大切だと思うんですけれども。

佐藤　魚が減ったとか増えたとか、どうやったら増えるみたいなことで地域に講演に行ったりすることがあります。その時に稚魚放流をやって、今は親魚放流があって、親魚放流はこういうこと~みたいな話をすると必ず、釣りしない人からね「そんなもん放っておけばいいんだよ。放っておけば魚は増えるんだよ」みたいな意見があるんだけど、それが一番難しいんです。放っておいて魚が増える環境というのは、要するにそこに人の干渉をなくした状態で増やすということなんです。

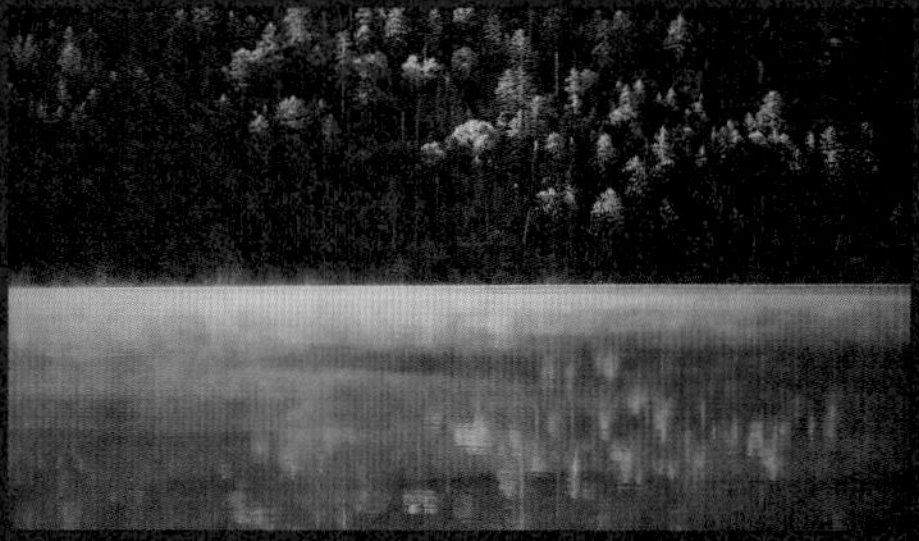

第11章 釣りながら守るには

―保全するためにあえて希少魚を釣り資源にする。一見矛盾するように思える施策で、ミヤベイワナの数を増やしてきた然別湖、そしてイトウを守ってきた朱鞠内湖。その釣り場管理とはどのようなものなのだろう。

森田　ミヤベイワナは然別湖という湖に陸封されたオショロコマの亜種です。普通オショロコマというのは川に棲んでいて残留型の生活史を送っているんですけど、ミヤベイワナは然別湖という湖を利用して大きく成長するという特徴があります。湖で暮らしている間はプランクトンを食べると言われていて、プランクトンを食べれるように鰓耙《さいは》というエサを濾す部分が通常のオショロコマよりも多くなるように進化していると言われています。

芳山　ミヤベイワナって然別湖にしかいない魚で、絶滅危惧Ⅱ類に分類されているような希少魚。然別湖の歴史を見てみますと、かつて交通の便が良くなってから釣り人が押し寄せて絶滅しかけたというような過去があるわけですね。それで一回全面禁漁にして、それからある程度増えてきただろうからと、もう一回釣りを解禁にしてみても、やはりどうしても管理が難しかった。その時は魚を持って帰ってもよかったんですけど、何匹まで持って帰ってよいと決めてもそれを全員にチェックしなくてはいけない。そのような管理をするのが大変で実効性を持った管理というのが大変だったと聞いています。そういった紆余曲折を経て今の「人数限定」「解禁日数限定」「キャッチアンドリリース」というレギュレーションの下での形になって今に至っている。

宮沢　然別湖は一年で五十日しか釣りができないので、春と秋のその日をみんなが楽しみにしている。一日の釣り人の数も制限してますから。でもそのほかは自由に楽しんでくださいと。美しい景色の中で一匹と出会う喜びをみんな噛み締めて、このために半年間頑張ってきたとか仕事をしてきたとか、そういうハッピーな気が充満してるんですよ。ボート小屋から始まるんですけど、釣りから帰ってくるお客さんもニコニコしてるし、レギュレーションがしっかりすることでみんながハッピーになる方法ってあると思うんです。

芳山　然別湖にしかいないミヤベイ

ワナをあえて釣り資源とすることで、例えばどれくらい今いるのかのモニタリング調査を兼ねたりですとか、さらには地域への経済効果も期待できます。最初に調べた時のミヤベイワナの資源量推定の結果が十万五三〇〇匹だったと思うんですけれども、これがかつての乱獲とかが始まる前に近い水準にまで回復したというのがわかったというのはひとつ大きな成果だと思います。絶滅が危惧されるような希少魚をあえて釣り資源として活用できた時の効果なので、これってひらたく言ってしまうとミヤベイワナというものが然別湖に存在することが経済的価値のひとつになるわけです。そういう点で政策的な意味でもいい知見が得られたかなと考えています。

然別湖だけじゃなくて、そもそも希少魚の保全策としての遊漁を構築するにはどうしたらいいのか。北海道で希少魚といえば、まずイトウは外せません。そのイトウ釣りが管理主体の下でされているところがあります。それが朱鞠内湖でした。そこではバーブレスフック（カエシのついていないフック）の使用を義務化していたりして、保全と利活用の両立したコンセプトの中で釣り場運営をされているという話でしたので、希少魚を対象とした釣り場管理というのがどうあるべきかということをもっと概論的な話をするために、朱鞠内湖というフィールドを研究に選ばせていただきました。釣り人がどれだけ魚を釣ったかということがひとつのデータになります。しかも彼らはむしろお金を払って釣りに来てくれるわけですから、そういったお金を調査費用に充てることができる。例えば特定の場所にしかいない魚を完全禁漁にして年に何回か調査するのと、個体群を減らさないというような条件の下で釣りをしてそのデータを使ってモニタリングをするのと、どっちの方がお金がかかるのかを考えた時に、その答えは考えるまでもないかなと思うんです。

自然環境を守るのは後回しになっていくし、全部温暖化がさらっていってしまうのかなと思うと刹那的になりがちなんですけど、まだ間に合うんじゃないか、まだ手遅れじゃないと僕は信じたい——宮沢和史

第12章　コモンズとしての魚たち

——魚のサンプル収集のために、釣り人と研究者が手を組む未来とは。

佐藤拓哉　エレクトロフィッシャーの輪っかの先から魚を獲れる有効な範囲はせいぜい一メートル四方なので、小さな川なら効率がいいんですけど、電気が届かない深いところは何もできないんです。今直面しているのは、残留型は獲れるけど降海型のサンプルがあんまり集まらないというのがけっこう大変なところ。一人で面的な調査するというのは死ぬほど大変なんですけれど、釣り人が源流に行った時にサンプルを取ってきてそれを分析させてもらえたら、かなり短期間のうちにその地域に本来いるイワナの調査がやりやすくなる可能性は大きいと思います。

森田　今どこにどういうイワナがいて、それこそパーマーク、あるいは赤点のイワナがいたのかというのをデータベース化していくことができたら、それはおもしろそうですね。刻々と今魚が減っていると思われる方もいるでしょうし、そうじゃないって思われる方もいるでしょうから、そういう記録を残していくことができたら将来それぞれの資源がどう減ってきてるのかがわかる。あるいは、昔は模様がこういうものだったけど、昔の模様のイワナがいなくなってきたということまで記録として残るので、そういった取り組みは大切だと思います。

第13章
生き様を守る

——種を守るとはどういうことか？それはひとりひとりが考え、向き合っていくべき命題なのかもしれない。

芳山　朱鞠内湖のイトウって、幻ではなくなっているんです。それはこの釣り場を作ってきた人たちの努力の賜物です。かつて幻と言われた魚が狙って釣れる、条件と場所が良ければ複数釣れてしまうような環境を作ってくれた人たちがいる。そういった人たちのたゆまぬ努力で朱鞠内湖の釣り場は管理されているということを知っていただきたいと思います。

宮沢　釣りのことをもっと知りたくて、子供の頃に『少年マガジン』で連載されていた『釣りキチ三平』を読んでいました。子供からしたら大いなる冒険というか遊びというか、そういう自然が身近にあるということを教わった。僕が生まれた山梨県甲府市も田舎なんですけど、もっと山の生活をいきいきと生きている子供たちというのがすごく美しく見えた。そしてミステリアスなストーリーにイワナが登場することが多かったんです。人間が入ってはいけないライン。「夜泣谷の怪物」というエピソードでは、ダム開発のために人間がここまで入っていいのか、その象徴があの大きいイワナだったかもしれないし、そういう人智を超えた時間軸と生命というようなものを、矢口高雄先生はイワナを通して伝えたかったのかもしれませんね。

いろんな景色を矢口高雄先生に見せてもらって、こんなに美しいものが日本にあるんだ、世界にあるんだって思うと同時に、それをなくしてはいけないよなって絶対思ったはずなんですよ。自分に意識がなくても、自覚がなくても、その作用は大きいですよね。これは守らなきゃとまで思わなかったとしても、あの景色がなくなったら嫌だな、紅葉が見られなくなったら嫌だな、この魚がいなくなったら嫌だなって絶対思ったはずなんです。人間の危機ということになると自然環境のことをみんな言わなくなりますからね、人命第一だから。自然環境を守るのは後回しになっていくし、全部温暖化がさらっていってしまうのかなと思うと刹那的になりがちなんですけど、まだ間に合うんじゃないか、まだ手遅れじゃないと僕は信じたい。

森田　種を守るというのはどういうことかってことなんですよね。ヤマトイワナというのをただ、守ればいいというのであれば、それこそ水族館で遺伝的に純系を継代飼育してヤマトイワナの遺伝子を守れば、ヤマトイワナを守ったことになるのか。それも大切だとは思うんですけど、彼らの“生き様”を守らないとダメなんです。北海道のイワナというと今はレッドリストにも入ってないし、北海道にイワナはいっぱいいるよと言われてしまう。それこそ太古の昔は本州のイワナも海に行ってたわけですし、河川内では移動してた個体も多いと思います。今はダムができてしまったので、移動しないイワナしか生き残れなくなっているということが多いと思うんです。降海型のイワナにはなかなかまだ棲みづらい。イワナの産卵場になっている上流部というのはダムに魚道がたくさんできてきたんですけれども、まだのぼれない場所というのはたくさんある。そういった視点で見ると、海に降って彼らが本来の生きたいような生き様というのを守れているかというとけっしてそうではない。

繰り返しになりますけど、種を守るとはどういうことかということなんですよね。DNAを守るだけじゃなくて、本来彼らが今まで積み重ねてきた生き様というものを守る。それをしなきゃだめだと。それをしたいなと思います。

佐藤成史

フィッシングジャーナリスト

1957年群馬県前橋市生まれ。日本を代表するフライフィッシャー。文筆家。群馬県内水面漁場管理委員会委員。北里大学水産学部でイワナの生理生態を研究し、以降は国内外でフライフィッシングをしながらフィールドレポートするスタイルを確立。各地で瀬戸際に立たされた渓流魚の現況を伝えることをライフワークに執筆・講演活動を行う。著書に『瀬戸際の渓魚たち』。

宮沢和史

シンガーソングライター

1966年山梨県甲府市生まれ。THE BOOMのボーカリストとして1989年にデビュー。2014年のTHE BOOMの解散以降はソロ活動を展開中。作家として中孝介、大城クラウディア、喜納昌吉、Kinki Kids、坂本龍一、夏川りみ、平原綾香、矢野顕子など、多くのアーティストに詞や曲を提供。2024年プロデビュー35周年を迎え、ニューアルバム発売。記念コンサートを開催。現在、沖縄県立芸術大学で非常勤講師を担当。

interview——宮沢和史

美しい釣り人へ

渓流魚とフライフィッシングを愛する釣り人であり、「島唄」など数々の名曲を世に送り出してきた音楽家の宮沢和史。釣りから多くのことを学んできたという宮沢の美学は多方面に影響を及ぼし、今年「ロイヤルアングラー賞」が贈られた。これからの時代の釣り人はどうあるべきか、宮沢和史に訊いた。

文＝奥田祐也　写真＝坂本麻人、佐藤成史

◇自然が抱えるパラドックス

——映画をご覧になっていかがでしたか?

イワナって本当に愛されているなと思いました。大の大人があんなに熱く語ってイワナのことばかり考えている。こんなに愛されている魚なんだから、絶対みんなで知恵を合わせて守っていくだろうという希望を感じました。僕は〝美しいもの〟を見たいから釣りをしているのですが、釣りをしたことがない人にこの感覚ってなかなか説明しづらいところで。でもこの映画は僕の気持ちを代弁してくれている。魚ってこんなに美しいんだよって。魚のイキイキした姿と美しさ、そしてそれについて語る人のキラキラした表情……。

——宮沢さんが抱くイワナのイメージというものがあれば聞かせてください。

イワナにはロマンを感じさせる何かがありますよね。川ごとに紋様も違う。そして源流域まで行かないと出会えない謎に満ちた魚という印象を持たれる方も多いと思います。身近にある神秘ですし、もっと知りたいし会いたいと思わせてくれる。太古からこの地球上にいて、長い旅をして日本の河川の上流に陸封され、北の海に帰れなくなった魚。人間でいったら移民史みたいな、壮大な物語というか。ただ、そこには少し哀しみがある。帰れない悲しみのようなものを僕はイワナに感じるんですよね。そういう人知を超えた時間軸を生きている魚でもありますし、あんなに棲みにくそうな渓流になんでこんな宝石のように美しいものが存在するんだろうという神秘が僕にはたまらない。

——そんなイワナが、ダムや堰堤の開発などの様々な要因で減ってしまっている。

街で見かける鳥にしても、基本的に僕たちは野生動物を好き勝手に殺すことはできませんよね。そういう意味では、魚は保護されていない。それはきっと水の中が見えないことも関係していると思います。視界に入らないからどうなろうと知らないと。でも僕ら釣り人は知っているわけです。去年よりも川の水が少ないとか、急に底石が滑るようになったのは上流にダムができたからだなとか。川を放っておけば、僕らの知らないうちに上流にいらない人工物が造られてしまう。それは人目につかないところのほうが勝手に造りやすいし、金を使いやすいということですから。でも僕ら釣り人は「こんなのいらないよ!」って声をあげることができるんです。

ただ、「いっさい人が関与せずに自然のま

まにしておけばいい」という意見には百パーセントの賛同はできません。その気持ちもわかりますが、ありのままの自然に戻すことは最早できないし、ある程度人間が管理していかないと自然のサイクルが成り立たないというパラドックスがそこには存在している。近年里に降りてくるクマが増えて問題になっていますが、これには里山の雑木林を手入れしなくなったことも要因と言われています。

――宮沢さんはふるさとの川の清掃活動や、沖縄で三線の材料となるリュウキュウコクタンの植林活動をされていますよね。

　そうですね。ふるさとの甲府市で活動するNPO「未来の荒川をつくる会」の清掃活動に年に一度は参加するようにしています。百人くらいが集まってゴミ拾いをしているのですが、始めた頃はものすごい量のゴミでした。でも目に見えて減ってきましたね。近隣の人たちがその活動を見ているから捨てにくくなるというのもありますが、きれいだとみんな見るようになるし、美しいものを手放したくないと誰もが思うはずですから。だから、僕が大事にしているキーワードは〝美しい〟です。

◇竿を仕舞うタイミング

――映画の中で「自分なりの釣りを探している」と話されていましたが、宮沢さんが心掛ける釣りとはどんなものでしょう?

　僕は今でこそフライフィッシングしかやりませんが、他の釣りが嫌いになったというわけではありません。ただ、魚と最もフェアな関係性を築けるのがフライフィッシングという釣りだと思っているからです。こちらの作戦が自然界にうまくマッチすれば釣れるという釣りなので。僕の場合は敗北してばかりですが、これ以上上手くならなくてもいいと思っているんです。きっと自分の腕を試すような釣りをしたくなるでしょうから。

　釣り人の中には、釣れなくなるまで釣り続けたいという人も一定数いますし、それが割と普通の感覚なのかもしれません。釣りって

「自分の釣りとは何か、それを見つけられたら幸せなんでしょうね。どんなに上手くても、釣れなくなるまで釣るなんてかっこよくない。ほどほどに、影響を与えない程度に自然と関わっていくべきではないでしょうか――――宮沢和史」

どうしても攻略的になりがちですから。でも、今はもうそんな段階ではないと思うんですよね。「きれいな魚が四匹も釣れたし、今日はもう竿を仕舞っていいかな」と納竿のタイミングを考えるのが、これからの釣りのテーマのような気がします。食事にしても、たくさん食べることが幸せとは限りませんよね。丁寧に作られた料理を味わって食べ、ちょうどいい満腹感で「ごちそうさまでした」を言う瞬間に僕は喜びを感じる。釣りもそうだったらいいんですけどね。

――かつて渓流釣りは、釣りエッセイや『釣りキチ三平』の影響もあって、今よりもロマンに満ちたものだったように思うのですが、今は「いかにたくさん釣るか」というテクニックの話ばかりが目立ちます。

　自分の釣りとは何か、それを見つけられたら幸せなんでしょうね。どんなに上手くても、釣れなくなるまで釣るなんてかっこよくない。ほどほどに、影響を与えない程度に自然と関わっていくべきではないでしょうか。「こんな釣り人も来たな」「あいつは下手だったな」って自然界のほうが思うくらいの関わり方が僕はかっこいいと思う。以前アメリカの釣りガイドが「フライフィッシングの究極はガイドなんだよ」と言っていた記事を読んだことがあります。お客さんに釣ってもらい、笑顔で帰ってもらえたら、自分が釣らなくても十分満足なんだと。僕はそこまで達観できていませんが、確かにそうかもしれませんね。

――釣らずに満足するのはある意味極致かもしれませんね。でも、どんな釣りを求めるかは世代で異なるところがあります。

　時代感覚の差もありますから。かつての常識は時代が変われば非常識になることもありますし、深刻化する温暖化や今話していることにしても、十年後に若い人が聞いたら「この人たちは何を言ってるんだろう?」と思われるかもしれない。だから僕は、無垢な子供たちに美しいものを〝そのまま届ける〟ことを心がけています。言葉と音楽で。それが僕の役割だと思っています。受け取った美しいものをどうするか、あとは彼らがその時代に合った答えを見つけるでしょうから。

◇次世代に伝えるべきこと

――自分の釣りというものを見つけるためには、誰に釣れて行ってもらうかも含めて、最初の釣り体験が大事な気がします。

　世界中で消えることのない差別の問題とか民族間の憎しみの連鎖にしても、子供は本来何も知らないわけだから、親や大人たちの影響が大きいと思います。釣りもそうだと思います。釣りをする親の姿を見て、たくさん釣ることが偉いんだと思ってしまえば、そこから歯車がずれてしまう。「最後に釣った一匹がきれいだったから、きっと父ちゃんは今日の釣りをやめたんだ」と子供が感じ取れば、子供もそんな釣りをすると思うんですよ。

——そう考えると、子供の初めての釣りは管理釣り場じゃないほうがいいのかもしれない。簡単に釣れる感覚を最初に味わってしまうと、たくさん釣ることが釣りの醍醐味だと思い込んでしまうかもしれません。

それはわかる気もします。僕は子供の頃身体が弱くて、友達もいなかったからいつも下校の時は一人で帰っていたんです。でもある時、近所の同級生が「今度釣りに行こう」って誘ってくれた。それで僕は初めて釣りに行ったんです。釣り竿なんて持っていなかったから、家のビニールハウスの骨組みを解体して竿の代わりにしたんですが、当然一匹も釣れないんですよ。でも楽しくて。何が楽しいって、友達ができたということですよね。友達が誘ってくれた嬉しさや魚がいっぱいいる光景を初めて見た興奮。一匹も釣れませんでしたが、それが僕の最初の釣りでした。

初めての渓流釣りはたしか中学一年生の頃、父親が岐阜の宮川水系に連れて行ってくれました。十四センチくらいのヤマメが一匹だけ釣れただけなんですけど、それがものすごくきれいで……。渓流魚って山梨でも近所の川ではなかなか見れないので、それで釣りにハマりました。だから結局、満足の沸点というのは釣果ではないんですよね。

魚がかかって釣り上げるまではだいたい数秒程度のもので、一日釣りをしてもほんの数分しかないんです。かかった瞬間というのはもちろんドキドキするしおもしろいんですが、釣りにはそれ以外の楽しみがたくさんある。そのことをもっと伝えられたらいいのですが。帰りに温泉に寄る楽しみだったり、山の中の食堂で食べるきのこ蕎麦の美味しさだったり、特にイワナ釣りにはそういう楽しい要素がたくさんあります。それに景色もきれいだし、何もかも忘れて自然のひとつのドットになれる喜びというのがあると思います。

——「自然とひとつになる」ではなく、「自然のひとつのドットになる」ですか。宮沢さんらしい、素敵な表現ですね。

本来そうですから。人間はひとつのドットでしかないはずなのに、勝手に自然を支配しているかのように錯覚してしまっている。僕は地元の甲府で、子供たちの夢を聞く活動をしているのですが、その時によく話すことがあります。それは「迷ったら美しいほうを選びなさい」ということ。今は時代も混沌としているので、何が善で何が悪か、何を信じたらいいのか混乱することもあると思うんです。子供たちの中には、将来お金持ちになることが夢だと言う子もいます。でも僕は、いつか迷うことがあったら美しいほうを選んでほしいと伝えています。それはお金にならないかもしれないし、醜いほうが稼げるかもしれない。でも僕は彼らの選択を信じています。信じることしかできない。未来は僕らのものではなく、彼らのものですから。

朱鞠内湖は北海道北部の雨竜郡幌加内町にある日本最大の人造湖。原生の森に囲まれた美しいフィヨルド状の地形は、釣り人にとって憧れの地。春や秋はイトウを中心とするトラウトフィッシング、冬季はワカサギの氷上釣りに多くの釣り人が集まる。(写真=ハックルベリー　中村祥一)

「守りたい」だけでは守れない

朱鞠内湖が挑戦しつづける「イトウの保全」「魅力的な釣り」「地域の活性化」の持続的循環とは

映画『ミルクの中のイワナ』の中に、芳山拓による印象的な言葉がある。

「既存の絶滅危惧種を守るのに、一切人間が手を触れないようにするのが一番いいと考える人もいますが、僕はそう思いません。それをやってしまうと、そもそも今そこにいるのか、どれぐらいいるのかさえわからなくなってしまう。人間が何も手をつけないというのは、もはや保全ではなく、無関心だと思います」

だから、関心を持ち続けるために魚を釣るのだ、と言ったらどう思われるのか。なんて身勝手な、と憤る声も少なくないだろう。だが芳山は「釣りながら希少種を守る」を実現する仕組みを研究し、実現不可能な夢物語ではないと、著書[1]を通して世に示した張本人だ。

北海道の朱鞠内湖は、芳山が研究フィールドにする国内最大級の人造湖である。壮大な森に囲まれ、フィヨルドのように切り込んだ地形と島々が点在する美しき湖には、日本最大の淡水魚であるイトウが生息する。

絶滅危惧IB類[2]。近い将来における野生での絶滅の危険性が高いとされる希少種のイトウが、朱鞠内湖では釣りの対象魚として利用されている。そして管理主体であるNPOシュマリナイ湖ワールドセンターと朱鞠内淡水漁業協同組合は、地域のステークホルダーと協働しながら、訪れた釣り人が落としたお金でイトウを保全するサイクルを持続的に成立させる試みを続けている。

ワールドセンター代表であり漁協の理事も務める中野信之は、朱鞠内湖のイトウを守り、現在の釣りを作り上げてきたキーマンだ。その並々ならぬ経緯については北海道大学の学生による卒業論文[3]に詳しいが、中野が常に強調するのは、イトウ釣りの魅力が保全を含めた循環の中心軸となっている点である。

「難しいのは釣りの満足度とイトウ保

[1]──『釣りがつなぐ希少魚の保全と地域振興：然別湖の固有種ミヤベイワナに学ぶ』(海文堂出版)　[2]── 環境省レッドリスト2020、北海道レッドリスト2018年による
[3]── 川野輪真衣『朱鞠内湖における希少魚の持続的利用と地域振興：ステークホルダー間の協働に着目して』

全のバランスです。釣れなければ釣り人は来てくれません。保全のための禁漁区を増やしたり、ルールに制限を設けることも、行きすぎれば釣りの満足度を下げてしまいます。とはいえ、イトウが減っては元も子もありません」

芳山の研究[4]によれば、イトウは一匹でも釣れれば釣り人の満足度が跳ね上がるという。同じく北海道の希少種で、十勝地方の然別湖の固有種であるミヤベイワナでは十匹ほどで同じ満足度になるというから、魅力の大きさがうかがえる。一方でイトウは保全が極めて難しい。三十年来、保全活動を続けるイトウ生態保全研究ネットワークの秋葉健司は、中野から依頼されて朱鞠内湖のイトウの産卵床調査を行なう専門家だ。

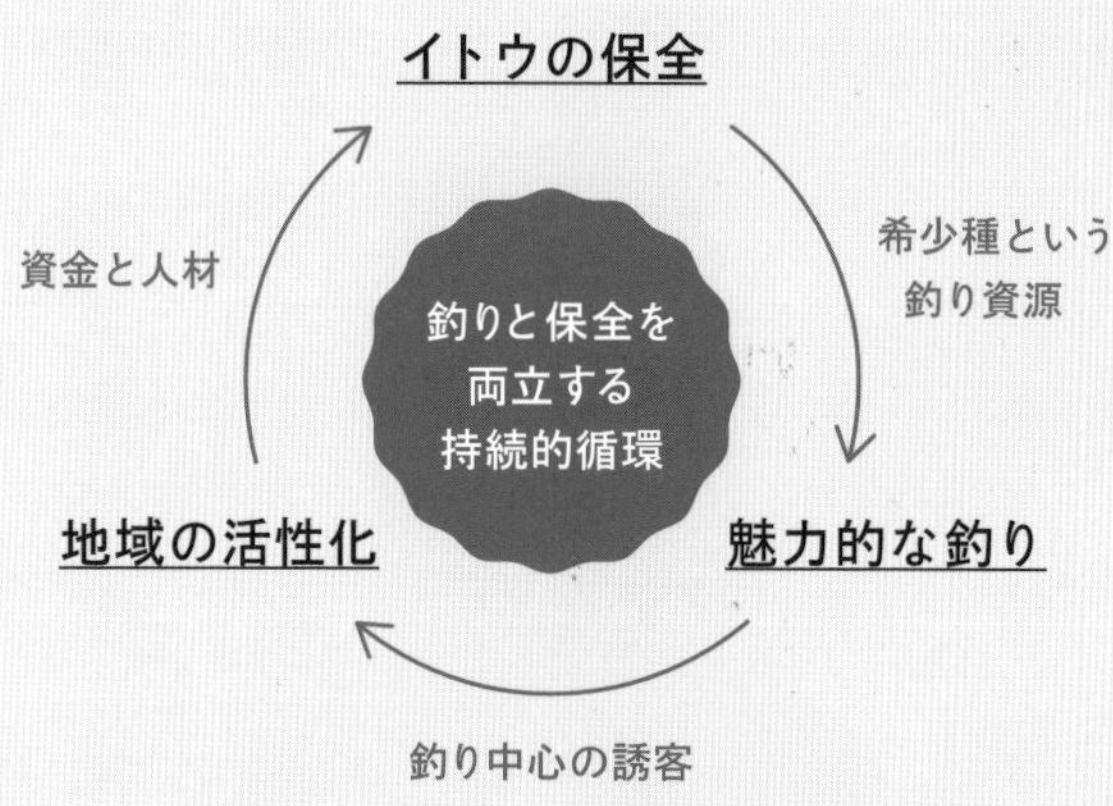

「イトウの保全」には資源量の推定とその増減の把握のための産卵床調査の実施が前提となる。調査結果に基づき禁漁区や漁獲制限の設定、種苗生産と放流河川や放流尾数、生息環境の保全策を検討・決定する。その結果、美しい朱鞠内湖の景観・環境下で、希少魚イトウに比較的高確率で出会うことのできる「魅力的な釣り場環境」が実現可能となる。またイトウ釣りが「地域の活性化」につながることへの理解を地元自治体や観光協会から得ることで、充実した宿泊・渡船サービス、質の高いガイドサービス、冬場のワカサギ釣り、ヒグマ対策など安全性の向上等に関する様々なサポートを受ける体制の構築も重視している。

「イトウの保全が難しい理由のひとつは、メスの成熟年齢が六〜八歳と、産卵までにかなりの年月を要することです。漁獲制限などが保全に貢献するかどうかを測るには、少なくても十数年モニタリングする必要があります。ある年に産卵床を多く確認できても、若い世代が激減していれば数年後の未来は暗いでしょう。また、朱鞠内湖のイトウは湖への流入河川とその氾濫湿地を産卵や稚魚生息の場として利用しています。産卵遡上のために集まってくる場所は、釣りの好ポイントにもなりますので、その兼ね合いも難しいところですね」

これらの調査には費用がかかる。多くの釣り人が訪れてお金を落とし……となれば理想だが、現実はそう簡単ではない。ワールドセンターでは充実した宿泊施設、質の高いガイドサービスなど、釣果以外にも訪れた釣り人の満足度を高める努力を怠らない。さらには広報する幌加内町観光協会や、ふるさと納税などで補助する幌加内町との協働体制も不可欠だ。関係人口の増加による地域の活性化を期待されてこそのサポートで、信頼関係の構築は大前提。これらが揃うことで事業がまわり、イトウを調査する資金も生まれる。芳山が作中で語るように、保全と釣りの両立は関係者のたゆまぬ努力の上に成り立っている。

朱鞠内湖といえば、記憶に新しいのが昨年のヒグマによる事故だ。ワールドセンターでは専門家の助言を仰ぎ、慎重に対策を講じてきた。釣りの再開にあたり、ヒグマ対策ルールの徹底を釣り人に求めた。自然下の遊びは突き詰めれば自己責任だろう。とはいえ管理者には相応の対策が責務となる。これもまた、持続的なイトウとの付き合いの一部なのだ。

「努力して相手を知り、次の最適な一手を探る。クマもイトウも同じです」

中野の言葉に、北の大地で培った覚悟と信念を感じた。長年、中野の奮闘に伴走する秋葉は、次のように話す。

「朱鞠内湖における現在の遊漁のあり方は偶然と必然の産物。地域ごとに事情は異なりますから、朱鞠内湖をそのまま全国のロールモデルにするのは難しいでしょう。ただ、参考にはなると思います。そしてこのような釣り場の管理には難しさと同時に楽しさや大きなやりがいがあることを、ぜひ多くの方々に知ってほしいですね」

[4]──『北海道の湖に生息するサケ科魚類を対象とした遊漁者における釣果と満足度との関係』芳山拓・坪井潤一・松石隆(2021)

patagonia

つながること、守ること

パタゴニアが助成してきたローカルの草の根活動のひとつに、
和歌山県の有田川流域における在来アマゴの生息調査がある。
プロジェクトの発起人の一人である京都大学の佐藤拓哉准教授に訊く、
釣り人と研究者が協力しながら在来魚を守っていくメソッドとは。

文＝奥田祐也　写真＝有田川流域の在来アマゴと環境を考える会

釣り人たちの持つパワー

損なわれた地域の自然に対し、何ができるのか。パタゴニアは毎年売上の一パーセントを自然環境の保護・回復に費やしてきた。愛する場所をなんとかしたいという情熱を持っていながら活動資金に頭を抱えている小さな草の根活動団体を対象に、毎年二回募集をかけ、社員の互選で助成委員会を作って支援先を決めるというものだ。どのような思想を持ち、何を目的として、どのような未来を見据えているのか。そこがパタゴニアの理念と共鳴するものであれば、NPOであろうと市民の任意団体であろうとグループの形態を問わず、予算内から申請額に応じた助成金が割り振られる。それに加えて、パタゴニア社員のマンパワーが投入されることもある。

一九八五年に開始されたこのプログラムが規模を拡大しながら続いてきたのは、パタゴニアが支援＝慈善活動と捉えていないからだと言える。利益が上がっていようがいまいが、事業をすれば地球に影響を与えている。だから“地球税”と捉えて、売上の一部を地球に納めるという考えに基づいたこの支援は、まさにミッションステートメントである「私たちは、故郷である地球を救うためにビジネスを営む」を体現する重要なプログラムなのだ。

京都大学生態学研究センターの佐藤拓哉准教授が主導する「有田川流域の在来アマゴと環境を考える会」も、パタゴニアから助成を受けたグループのひとつ。和歌山県の有田川流域におけるアマゴのDNAサンプリングと在来アマゴの生息調査を、釣り人に協力してもらって広範囲で実施するプロジェクトを立ち上げ、DNA抽出にかかる費用や人件費に環境助成金が使われた。

有田川の本流と支流を細かく区画分けし、区画ごとにアマゴを三、四匹獲っては写真を撮り、体長と位置情報を記録し、遺伝子情報を調べるためにヒレの一部を切り取って持ち帰る。こうした調査の一連の流れを研究者がエレクトロフィッシャーを駆使して行うと、一日三区画が限度だが、有田川に思い入れのある二十人ほどの有志の釣り人に二年間にわたって協力してもらった結果、合計六カ月の漁期で約百五十区画に及ぶ調査ができたという。佐藤はプロジェクトを振り返り、「釣り人が本気になった時のパワーを思い知らされましたね」と嬉々として話す一方で、反省点を次のように話す。

「この先全国にこのやり方を広げていくためには、研究者側もスピード感をもって対応できないと、大変な思いをしながら協力してくれた釣り人たちの心も離れていくのではと危惧しています。大量の魚のDNAを分析してデータ化するのはどうしても時間がかかるし、研究室にも専任でそこに時間を割けるマンパワーが足りていない。だからそこの受け皿を用意しないといけない。釣った魚のことを数年後に教えられても、もういいですよね（笑）」

佐藤と、当時神戸大学の院生だった田中達也と上田るいの三人は、九月末の禁漁までに集めてもらったサンプルの分析結果を、翌春の釣りの解禁までに協力者たちに報告できるよう努めた。

「支流ごとに釣ったアマゴの写真をダイジェストで見せていくと、流域の全体像があらわになり、そこの在来魚のパターンも浮き彫りになってくるんです。そして証拠として必要なのがDNAの分析結果。目に見える形になると、皆さんの食いつきはやはりいいですね。でも、あまりの在来魚の少なさに驚きました」

残された課題とこれから

今回のプロジェクトで佐藤を悩ませたのが、調査結果の情報開示をどうするべきか、ということだった。

「こうした活動の思いの部分は漁協さんや釣り人に広く知ってもらいたいのですが、調査でわかった結果をむやみに発信してしまうと、その地域に残っている数少ない在来魚を危険に晒すことにもなってしまう。みんな珍しいものを見たいという心理が働くし、この支流で在来魚が見つかったなんて情報は、宝の地図を撒くようなものです」

しかし、調査によって見つけた在来魚をどう守っていくかという次のステップを考えた時には、漁業協同組合やその地域の人たちの協力は不可欠だ。

「あらかじめ在来魚が見つかる可能性も視野に入れて地域の漁協さんたちと話し合い、その後の枠組みまで作ったうえでサンプリング調査を始められたほうがいいですね。実際に守ることができるのは、その地域の人ですから」

こうした課題が見つかるということ自体が、今回のサンプリング調査の大きな成果とも言える。生態学者である佐藤は、在来魚を守っていくためのプロセスをどう考えているのだろうか。

「在来魚はおそらく一番上流部の堰堤の上に残っているケースが多いのですが、そこに数えるほどしか棲んでいなければ、近親交配を繰り返すことで遺伝的劣化を招くリスクもあります。だからできるだけ混ざり合えるように、不要な堰堤を取り除いて生息範囲を広げてあげるなど、検討する余地のある方法が残されています。

また、ひとつの集団でだいたいどれくらいの数がいれば、遺伝的劣化を抑えられるという科学的な根拠に基づいた指標もある。ここのアマゴにはどのくらいの長さの生息域を確保しておかないといけないだとか、DNA情報から流域全体で何匹くらい個体数をキープしておかないといけないといったことは推定できなくもないので、やりようはあると思いますし、そもそもその基盤としては、流域スケールでどのくらいの在来魚が残っているかをまず知らなければ、動きようがないんです」

有田川でのこのプロジェクトはひとまず終了したが、今後全国に拡張できる大きな可能性を示してくれたことは間違いない。そしてパタゴニアの日本における環境保護活動への助成も益々文化として根付いてきている。金銭または物品による助成だけにとどまらず、従来のインターンシップ制度に加え、社員は年に五日間、有給で個人的に興味のある活動を行える制度が整えられている。企業と研究者、そして漁業協同組合と釣り人たち……、地域の河川を中心に結びつくステークホルダーがいかに足並みを揃えていくかが今こそ問われている。そのためにもまずはそれぞれのホームウォーターに棲む魚の魅力を理解することが、今後何世代も釣りを楽しめる未来を取り戻す第一歩なのかもしれない。

環境助成金プログラムの詳細は　www.patagonia.jp/how-we-fund/

映画『ミルクの中のイワナ』作品解説

なぜイワナを守るのか？

若林輝

『ミルクの中のイワナ film book』編集長。水産大学でサケ科魚類の生態学を学び、現在は釣りをはじめとする自然分野の編集、執筆を行う。RIVER-WALK代表

　今からもう二十五年も前、水産大学でイワナを含むサケ科魚類の生態学を学んでいた私は、当時この分野の第一人者であり各地の保全活動にも積極的に関わっていた指導教官に、こんな質問を投げかけたことがある。

「なぜ種を守らなければいけないのですか？」

　突然の問いに戸惑ったのか、指導教官はやや間を置いたあとにこう言った。

「アフリカのサバンナからライオンやゾウやキリンがいなくなったら寂しいやろ？　種を失うとは、そういうことや」

　ライオンがいなくなったら確かに寂しい。どのような意図で指導教官がそう答えたのかはわからないが、誰もが納得して反論できない答えを欲していた私は、理解する一方で軽く失望した。生き物を科学で追求する人にとってさえ、種を守る根拠は「人間の寂しさ」という心情的なものなのかと。

　映画『ミルクの中のイワナ』は、イワナを取り巻く現代の諸問題を、十二人の関係者へのインタビューを通して丁寧に紐解いていくサイエンスドキュメンタリーである。渓流釣りの対象として親しまれている山奥の小さな魚たちは今、人知れず性質を変え、数を減らしている。なにが起こっているのか？　そもそもどのような魚なのか？　研究者、釣り人、漁協、企業人。さまざまな関わりを持つ立場からの言葉が、イワナという種に光を当て、浮き彫りにしていく。

　私が本作を初めて鑑賞した際、予想外だったのは、スクリーンを通して伝わるイワナの魅力と渓流釣りへの肯定感だった。出演者が語るのは、今の渓流釣りの成り立ちに対するかなり具体的な問題提起である。にもかかわらず、背景に美しく流れる映像とサウンドは、自分が長年親しんできた渓流釣りと大好きなイワナの魅力を溢れんばかりに引き出していた。翠のトンネルを吹き抜ける涼風、魚が水面を割る飛沫のきらめき、暑い夏の日の刹那と永遠。たとえ字幕なしで他国の人が観たとしても、日本の自然美に浸ることのできる作品として高い評価を得るだろう。海外映画祭での数々の受賞や入選は、ドキュメンタリーとしての完成度の高さもさることながら、作品世界への没入感によるところも大きいのではないか。

　釣りをする者にとっては、自分の愛してやまないイワナ釣りの魅力を広く知ってもらう作品でもある。その上でフラットにこう伝えるのだ。でもね、そこにはいくつか解決しなければならない問題もあってね……と。

　スクリーンを通して語りかけてくる面々は、イワナが大好きなのだろう。好きだから関わり、好きだから守りたいという想いが伝わってくる。「イワナがいなくなってもいい」なんて考えている人は、この映画のどこにもい

ない。

それなのに、私たちはイワナを十分に守れてはいない。

私たち人類が渡来するよりも遥か昔から日本列島で命をつないできたイワナの原種は、その数を減らしている。

実はイワナが減っている理由は、だいぶ明らかになってきた。渓流釣りの制度や、イワナを増やす取り組みの矛盾も詳らかにされてきた。管理する人たちの高齢化、過疎化、そして冷たい水にしか棲むことのできないイワナを危機に晒す温暖化。このままでは立ち行かなくなる危機感も共有されつつある。イワナを増やすために我々がたどるべき道筋は、かなり具体的に示されてきたと言えるだろう。ソローの言葉を引用した「A TROUT IN THE MILK」というタイトルさながら、イワナを減らした原因を突き止める状況証拠は、もう十分に積み重ねられているはずだ。

だが、それでも大切なものを簡単には守れない。私たちの社会にポッカリと空いた、大きな落とし穴を飛び越えるのは容易ではない。「関係者が一丸となって……」という耳慣れたスローガンは、本当に問題を解決へと導くのだろうか。

今にして思えば、「なぜ種を守るのか?」という問いへの答えは、その種を守るきっかけを与えてはくれるが、錦の御旗ではないのだろう。論破する者が脚光を浴びる世の中ではあるが、守る理由を理念化することと、実際に守れるかどうかは、似ているようで、また少し違うものなのだ。理念よりも大切なことは、このドキュメンタリーが私たちに差し示すように、想いの重なる（そして少しずつズレている）者たちの気持ちを、色眼鏡をかけずに理解することなのではないだろうか。

この作品には、からくりがある。「状況証拠」を軸としながら、入れ子の箱のように重層的な構造を持つ。私たちは映画を観ながらイワナの原種が減っている原因を数々の状況証拠から探っていく。そのなかで「イワナの原種が減っている事実」もまた、状況証拠なのだと気づく。令和の時代を生きる私たちが、そろそろ正面から考えなければならない「なにか」を解き明かす、ひとつの重要な状況証拠なのだと――。

イワナが教えてくれること。

山奥の小さな魚の危機的な状況、そしてこれが示唆する「なにか」に対し、自分なりの答えを模索する。よりよい未来を拓くための状況証拠が『ミルクの中のイワナ』には込められている。

SIFF 23
2023
水産庁推薦作品
as when you find
A TROUT in the MILK
ミルクの中のイワナ
イワナが教えてくれること
深山幽谷に息づく神秘の魚イワナをめぐる
環境から問う自然と人間の新たな関係とは――
2024年 4月5日(金) アップリンク 吉祥寺 ほか 全国順次ロードショー
https://trout-inthemilk.com

各界の智者は、映画『ミルクの中のイワナ』を
観て何を感じ、受け止め、考えたのか。
道標となる9名の言葉。

養老孟司（東京大学名誉教授）

魚のイワナだけに限らず、イワナに関心を持つ人たちの発言を含めた、社会的な視野を含む良質のドキュメンタリーである。画面が淡々と流れていくのに、思わず引き込まれて、最後まで見てしまった。現代のわが国では、淡水産の生物は危機的な状況にある。とくにそうした危機意識のない人たちも、ぜひ見ていただきたいと感じる。

川は流れる。その流れは土や石を海へと運ぶ。運ばれた水にはたくさんの山の微生物も含まれている。海は太陽の熱を借りて水蒸気をつくり、雲をつくりだす。雲は雨を降らせ、その雨が山へと染み込んでいく。土や石は雨を濾過する。そしてふたたび川となって流れていく。川も海も流れ続け、動き続けている。イワナもまたその両地を巡り、泳ぎ続ける。イワナを釣り、食べ、自らの血肉とすることは、川や海、土や石をも体内に取り込むことだ。風土を喰らい、風土として生きる。この映画は、そのように生きていくための作法に関するいくつかの手がかりを、愛しながら食らうという矛盾とともに生きるための術を、私たちに教えてくれる。

大小島真木（アーティスト）

石倉敏明
（人類学者／秋田公立美術大学准教授）

日本列島各地の山と海をつなぎ、毛細血管のように分岐して流れる無数の川。そこには古来より、イワナという神秘の魚が生息してきた。この映画は、人びとの身体を列島の風土とつなぐ、このイワナという種に捧げられている。イワナはその多様な条件に適応しながら、驚異的な生命の多様性をあらわにしつつ、各地の人びとの生活を支えてきた。この映画はその多様性が損なわれつつある現代にあって、複数種の生命にとって真に重要なものとは何かという問題を、見事に映し出している。坂本監督は、科学者・釣り人・漁協関係者という三者のイワナにまつわる実践を撮影することによって、日本列島を舞台とするマルチ・スピーシーズ映像民族誌の傑作を生み出した。各地の風土や異種の時間と絡まり合う「複数種」の現実が、ここには透徹して描き出されている。

辻陽介（編集者／アーティスト）

食らうものと食らわれるもの、その関係性は一見すると非対称なものに見える。たとえば、食らうものとはつねに強者であり、食らわれるものとはつねに弱者である、という風に。しかし、何かを食らうことは、同時にその何かに巣食われることでもある。実際に私が食べたものは私の肉体の一部になる。これは私の肉体が食べたものによって部分的に占領されているということに他ならない。この視点に立ったとき、食らうものと食らわれるものとの非対称な関係はたちまち、ある種の共食い関係として描き直されることになる。本作が焦点を当てているのは人間とイワナ、釣るものと釣られるものとの関係だ。本作には多くのイワナに取り憑かれたものたちが登場するが、彼らツリキチたちのまなざしを経由することで、その関係の非対称性についてもまた、イワナを釣るものはそのイワナによって操られるものである、という風に描き直すことができるかもしれない。操るの語源は綾（糸）を吊（釣）ること、つまり糸釣りにあると言われる。河を回遊するイワナと、その鱗が水面に伸ばす虹色の光の糸に釣られてイワナを釣りつづける人間たちが織りなす、奇怪な綾。その共釣り関係において、行為の主客は必ずしも明確ではない。釣りという営みが一方的な簒奪行為ではなく、それ自体が生態系に深く埋め込まれた営みであるということは、本作において紹介されているイワナとカマドウマとハリガネムシの分かち難い共生—寄生関係からも窺い知れる通りだ。やがてその奇怪な綾は、幾重にも絡まりあい、複雑にもつれながら、山河全体へと波及していくことだろう。本作はイワナを起点にその巨大なる華厳を心地よく描き出した快作だ。

Comments for film

村岡俊也（ノンフィクションライター）

人の「営み」は、生き物のかたちに決定的に影響を与えてしまう。私たちが普段食べているものを見ればすぐにわかる。渓流で釣りをしなければ、ほとんど出会うことのないイワナでも同じだった。その事実から目を逸らさずに、動きながら考えている人たちがいて、この映画は彼らの「営み」を映している。イワナと人。それらを取り巻くもの。どうしてこうなってしまったのか？　こんがらがった疑問を整理することから始まる、今。この映画は、転換点になろうとする熱い意志を伝播する「営み」だった。

平野太呂（写真家）

清水流れる岩の隙間から何百年もこちらを見ている獣がいる。試されているのはいつだって我々なんだ。

ドミニク・チェン
（Ferment Media Research）

イワナという生物の不思議さから立ち上がる生態系の魅力が、ひとりひとりのインタビュイーの熱とともに伝わってくる。現代日本における河川環境保全という一筋縄で解決できない「厄介な問題」を巡る、かれら当事者たちそれぞれの向き合い方が紐解かれることによって、「誰も悪者にしない」という坂本麻人監督の複雑さを抱きしめる哲学が体に浸透してくる。そして、作中の森田健太郎先生の「イワナの生き様を守りたい」という言葉は、わたしたち人間の生き様もまた、イワナや川や山との関わり方に懸かっているのだという事実を指し示している。『ミルクの中のイワナ』は、自然と人間の世界を二項対立で切り分けず、一つの絡まり合いとして捉えるための認識を醸成するだろう。

坪井潤一
（国研 水産技術研究所 主任研究員）

ヤマトイワナが暮らす源流域。調査前になると、いつも不安にさいなまれる。魚たちは無事に暮らしているだろうか。モニタリング調査という名の保全活動を続けて二十年になる。この間、乱獲、養殖魚の放流、河畔林の伐採、ゴミの放置など、予期せぬ出来事に翻弄されながらも、魚たちのためにできる限りのことはしてきた。生き物や彼らが暮らす環境を守り後世に伝えていく、と言えば聞こえはいいが、実際にやっていることは、負の影響を取り除くための作業にすぎないし、心が傷つけられることも多い。それだけに、この映画を見終わった後、心が救われた気がした。本作は生き物の保全活動に携わるすべての人に贈る賛歌である。

酒井誠一
（株式会社ティムコ 代表取締役社長）

私は、釣りに関わる事業を生業としていることから、釣り人と接する機会が数多くあります。釣りは、魚という生命体と一本の糸でつながり対話をします。それをリアルなフィールドで毎年シーズンを通して行います。それゆえ、釣り人は、フィールドの僅かな変化に対して、最初に感じとることができる存在でもあるのですね。本作はイワナにフォーカスした作品ですが、そんな釣り人の目線からアプローチしています。イワナを通じて、環境が抱える課題だけでなく、社会全体の在り方にも気づきを与えてくれます。また、映像から伝わるイワナの美しさに引き込まれる方も多いことでしょう。すでに海外でも数多くの受賞をしていますが、全世界に影響を与えるパワーのある作品といえます。

写真＝足立 聡

『瀬戸際の渓魚たち 増補版 西日本編』
佐藤成史（2020／つり人社）

『魚名文化圏〈イワナ編〉』鈴野藤夫（2000／東京書籍）

『イワナに憑かれて』植野 稔（1988／山と渓谷社）

『渓流物語』山本素石（1982／朔風社）

『RIVER-WALK First Issue』（2016／RIVER-WALK）

『Coyote No.74 特集 The Sound of Fishing』
（2021／スイッチ・パブリッシング）

論文

森田健太郎・森田晶子（2007）｜イワナ（サケ科魚類）の生活史二型と個体群過程（日本生態学会誌 57:13-24）

森田健太郎・有賀 望（2017）｜オペレーティングモデルを用いた豊平川のサケ放流数を決める 管理方式の検討――野生魚保全と個体数維持の両立を目指して――（保全生態学研究 22：275-287）

坪井潤一・森田健太郎・松石 隆（2002）｜キャッチアンドリリースされたイワナの成長・生残・釣られやすさ（日本水産学会誌 68（2），180-185）

森田健太郎（2020）｜サケを食べながら守り続けるために（日本水産学会誌 86（3），180-183）

佐藤拓哉・渡辺勝敏（2004）｜世界最南限のイワナ個体群"キリクチ"の産卵場所特性，および釣獲圧が個体群に与える影響（魚類学雑誌 51（1）:51-59）

佐藤拓哉・名越 誠・森 誠一・渡辺勝敏・鹿野雄一（2006）｜世界最南限のイワナ個体群"キリクチ"の個体数変動と生息現状（保全生態学研究11 13-20）

長谷川稜太・山田寛之・石原千晶・和田 哲（2020）｜イワナの稚魚の個性に見られる生息地間変異（魚類学会誌 67（1）11-24）

高原輝彦・山中裕樹・源 利文・土居秀幸・内井喜美子（2016）｜環境 DNA 分析の手法開発の現状～淡水域の研究事例を中心にして～（日本生態学会誌 66:583-599）

山中裕樹・源 利文・高原輝彦・内井喜美子・土居秀幸（2016）｜環境DNA分析の野外調査への展開（日本生態学会誌 66:601-611）

山本俊昭・藤原英史・荻原富司・野原精一（2021）｜尾瀬ヶ原の下ヨサク沢に生息するイワナ *Salvelinus leucomaenis* の遺伝的特性について（陸水学雑誌 82: 219-226）

下田和孝・中野 繁・山本祥一郎（2002）｜ダム建設による遡河回遊型アメマスの陸封化（魚類学雑誌 49:25-32）

山本祥一郎・高橋芳明・北野 聡・後藤 晃（1996）｜北海道南部の河川におけるアメマスの河川残留型雌（魚類学雑誌 43:101-104）

References for film

ここに挙げたのは映画『ミルクの中のイワナ』を制作するにあたり坂本麻人監督が参考にした書籍や論文の一部。作品テーマをもっと深く知るための手がかりに。

書籍

『イワナをもっと増やしたい！』
中村智幸（2008／フライの雑誌社）

『釣りがつなぐ希少魚の保全と地域振興：然別湖の固有種ミヤベイワナに学ぶ』芳山 拓（2019／海文堂出版）

『職漁師伝 渓流に生きた最後の名人たち』
戸門秀雄（2013／農山漁村文化協会）

『川漁 越後魚野川の伝統漁と釣り』
戸門秀雄（2021／農山漁村文化協会）

『イワナの謎を追う』石城謙吉（1984／岩波書店）

『イワナの顔：ネイティブを求め 日本全国58河川岩魚92態探査釣行』白石勝彦（1993／山と溪谷社）

『イワナとヤマメ』今西錦司（1996／平凡社）

『川は誰のものか：人と環境の民俗学』
菅 豊（2005／吉川弘文館）

『瀬戸際の渓魚たち 増補版 東日本編』
佐藤成史（2020／つり人社）

Foxfire

Think in the field.

自然から学ぶ叡智

文＝奥田祐也

▽輸入された釣り文化

自然に挑み、克服しようとするのではなく、自然の懐にそっと分け入り、五感を研ぎすますことで自然との一体化を図る〝クワイエットスポーツ〟。フライフィッシングはまさにその筆頭と言えるだろう。フライフィッシングはヨーロッパを起源とし、もともとは貴族が領地を流れる川で嗜む釣りだった。それがアメリカ全土に伝播していく過程で一般層も嗜むようになり、キャンプやバックパッキングなどと同様のアウトドアカルチャーとして、パイオニアたちが少しずつ日本にその文化を持ち込むようになった。その黎明期と言える七〇年代、アメリカのフィッシングギアを輸入・販売し、フライやルアーといったスポーツフィッシングの大衆化に大きく貢献したのが、のちに国産アウトドアブランド「Foxfire」を立ち上げるティムコだった。

ティムコが創業したのは一九六九年の十二月、そのスタートは貿易だった。創業者の酒井貞彦は様々な製品の取引のためにアメリカやヨーロッパに足を運び、輸出入から製造までを手がける会社として創業したのが、TIEMCO（Tokyo Import Export & Manufacturing Companyの略称）だった。それがどのように釣り事業へと特化していったのか、創業者の息子にあたる酒井誠一は次のように話す。

「高度経済成長期真っ只中だった当時の日本は、休みも週に一日しかなく、働き詰めな状況でした。一方アメリカでは、高い経済レベルを維持しつつもみんなが余暇を楽しんでいた。それを見た父は『日本もいずれはこうなるだろう』と、余暇時間や趣味を楽しむための事業に特化するようになりました。当時は釣具以外にキャンプ用品なども扱っていましたが、七〇年代初頭の日本にはまだアウトドアの市場が根付いていなかったので苦戦を強いられた。それでも日本には古くから釣りの文化があり、江戸時代には庶民の間で釣りが人気だったという背景もあるので、ルアーやフライも広く受け入れられる素地があるだろうと」

ティムコがアメリカの釣りブランド「フェンウィック」のフィッシングロッドの日本総発売元になった一九七一年は、一ドル＝三百六十円の固定相場制に加え、「輸出は善、輸入は悪」という風潮もあったことから、海外製品の輸入には逆風の時代だった。しかし、いずれ訪れるだろうスポーツフィッシングの隆盛を予期し、日本ではまだ一部のマニアの間で嗜まれていたルアーやフライ製品をティムコは次々に輸入し、販路を拓いていく。七三年には、近代フライリールの原型を世に贈り出してきたアメリカの老舗ブランド「オービス」の総発売元になった。

ティムコが行ってきたのは輸入販売だけではない。市場を構築するべく、七四年に

Foxfireを展開するティムコが歩んできた半世紀は日本国内でスポーツフィッシングが広まった歴史と重なる。海外で生まれたルアー・フライフィッシングはいかにして日本のフィールドで受け入れられていったのか、ティムコ代表取締役社長の酒井誠一と取締役の増田豊に訊いた。

はアメリカのハウツー本の翻訳出版を始め、七六年からはフライフィッシングスクールを開催する。その講師にフェンウィックのロッドデザイナーだったジム・グリーンを招聘したことも話題となった。まだティムコに入社前だったが、当時の釣りを知る増田豊の目にティムコという会社はどう映ったのだろうか。

「七〇年代は圧倒的にフライフィッシングの情報がありませんでした。今のように映像でキャスティングを見ることはできないし、釣り雑誌に僅かに載っている程度。当時の釣りはほとんど餌釣りでしたから、ルアーやフライを扱っているお店も数えるほど。キャスティングも教えられる人がいなかったから、ティムコが出していたフライフィッシングの翻訳本を何度も読み返しては、キャスティング練習をしていました。そんな時にティムコが、ジム・グリーンやキャスティングの世界チャンピオンだったスティーブ・レイジェフといったすごい人たちを呼んでスクールを開いているのを記事で知って、参加はできなかったけど、新しい釣りの文化を根付かせていこうという気概を持った会社なんだと印象に残っています」

ティムコはその後も、アメリカでレクチャーを受けてきた講師陣によって継続的にフライフィッシングスクールを開催し、スポーツフィッシング文化の普及に努めた。現在に至るまで延べ二万人以上の卒業生を輩出している。

▽自然回帰を促すブランド

七〇年代中頃にはレジャーとしてのルアーやフライフィッシングが少しずつ認知されるようになった。その背景には、釣り文学が果たした役割も少なくないだろう。古典『釣魚大全』を書いたアイザック・ウォルトンやアーネスト・ヘミングウェイ以外にも、日本では幸田露伴や井伏鱒二といった多くの作家たちが釣りを趣味とし、釣り人の心情を代筆してきた。六九年に『私の釣魚大全』で釣り文学を書き始めた開高健の存在は、スポーツフィッシング人気を後押しした。その後も開高は、七一年に『フィッシュ・オン』、七八年に『オーパ！』を次々に上梓し、世界の僻地を釣り歩く「釣り紀行」というジャンルを確立した。

そして日本中の子供たちを釣りに夢中にさせたのが、七三年から八三年にかけて『週刊少年マガジン』で連載された日本初の釣り漫画『釣りキチ三平』だった。著者の矢口高雄は自身の豊富な釣り体験を漫画に落とし込んでいたが、巻を追うごとに釣りのスタイルがめざましく変化していくのがわかる。連載初期の頃はリールもない和竿で渓流釣りをしていた主人公の三平くんだったが、ルアーを使う釣り人を物珍しげに見つめるシーンがあったり、アメリカから輸入された新しい釣りとしてフライフィッシングのレクチャーを受けるエピソードなどは、十年間の連載の中で日本の釣りのスタイルが急速に変化していく様子を物語っている。

フォックスファイヤーが誕生した一九八二年は、ようやく日本にスポーツフィッシングの下地ができあがった頃だった。ブランドの立ち上げに携わった増田は当時を振り返る。

「八〇年代に入って釣具事業もようやく安定してきたので、今度は日本の気候風土に合ったアウトドアウェアを国産でつくれないかという話が社内で持ち上がったんです。でも実のところその背景には、ちゃんとオリジナルもやっておかないと危ないぞという危機意識もあった。当時のアメリカは、成功したら事業を売却して大金を得るというアメリカンドリームの風潮が強かったんです。そうなると、急に製品を輸入できなくなるかもしれない。うちは代理店でしたから、その危機感があった。でもいざ自社ブランドを立ち上げるとなるとハードルが高くて大きな挑戦でした。当時の国産のアウトドアブランドって数社しかありませんし、安心だからと海外ブランドを輸入展開するのが主流でした」

フォックスファイヤーのネーミングやコンセプトを手がけたのは、多岐にわたって

商品企画やプロデュースを手がけていた浜野商品研究所の浜野安宏氏。フライフィッシングのパイオニアとしてティムコとも親交があったことから、浜野氏の釣りの経験値は随所に活かされた。最初のブランドロゴは、カナダのハイダ・グワイ（旧クィーンシャーロット島）に釣りに出かけた浜野氏が目にした、西陽に照らされて黄金色に輝くスプルースがモチーフになった。

フォックスファイヤーのブランド名の由来と語源についてもここで触れておきたい。まず、枯れ木に生える菌類が発する燐光のことを英語でFoxfireと言う。ここでの“fox”は動物のキツネではなく、「模造」を意味する古フランス語“faux”に由来しており、「模造の火」という意味である。六〇年代に自然や伝統生活から生きる知恵を学ぶ教育活動が、米国ジョージア州ラブンで興り、その成果を一冊の本にまとめることになった。当地の山野では燐光現象が頻繁に見られ、暗闇を照らす慈光であることから「自然という教師が人間に与え続けている知恵の象徴」とされ、その本は“The Foxfire Book”と名付けられた。

ティムコは、自然から学んだナチュラリストたちの知恵を生かした本物のアウトドア・クロージングをつくりたい。そんな願いを込めて、この本のタイトルをブランド名に冠した。そのコンセプトについて酒井が補足する。

「六〇年代から七〇年代前半のアメリカというのは、工業化が進んだ社会に対して自然回帰の気運が高まっていた時期で、カウンターカルチャーのひとつとしてクワイエットスポーツが注目されていた。その筆頭であり、水辺から自然全体を見つめるフライフィッシングの普及に努めてきたティムコの思想が、ブランドの核になっています」

▽水辺から生まれた マスターピース

最初にリリースしたのは四型のフライフィッシングベストだった。輸入品のベストではどうしても日本人の体型に合うサイズやフィット感のものもなければ、機能面でも改善の余地があった。そこでまずは自分たちの手で日本のフィールドを考えた究極のベストづくりに取り組んだ。当時このベストの開発を担当した増田は、量産を引き受けてくれる縫製工場探しに奔走したが、どこからも断られたという。「フィッシングベストというのは百点近いパーツからできていて、非常に複雑な工程だから嫌がられるんです」と増田は苦笑いを浮かべる。そしてようやく引き受けてくれたのは創業してまだ一年の秋田県の小さな縫製工場だった。こうして茅葺き屋根の農家の納屋を改造した工場でフォックスファイヤーの最初の製品は産声を上げた。

この時生まれた四つのフィッシングベストの中でも、必要最小限のポケットを効率よく配置した「マウンテンストリームベスト」はブランドの原点として、その設計思想はその後つくられたすべてのベストに継承されている。そしてベストの裏地には、一般の迷彩柄よりパターンの細かい「フィッシュアイカモフラージュ」が施された。これは水の中から魚眼レンズで撮影するフィールドテストを重ね、魚の眼からのステルス性が発揮されるように開発された柄で、裏返しに着て柄を表にすれば、警戒心の強いトラウトに気づかれにくくなる。魚に一歩でも近づけるように、自然に溶け込む目的で開発されたが、フォックスファイヤーの本質的な部分である“自然との共存”を象徴するデザインにもなっている。

水辺から始まり、いずれは山の上にたどり着くように、フルラインのアウトドアブランドになる青写真を描いていたフォックスファイヤーは、フィッシングベストを皮切りに、シャツやパンツ、ハット、キャップと製品のバリエーションを増やしていった。ブランドの認知を高めたのは、フィッシングベストと同年にリリースした「エマージェンシーブレーカー」だったと増田は言う。三十デニールの極薄リップストップナイロンを使用した超軽量ウインドブレーカーで、もともとは東レが自衛隊のパラシュートのためにつくった、強度に優れた

産業資材を転用したものだった。

「今はUL（ウルトラライト）人気が証明するように軽量化の時代ですが、当時はヘビーデューティーがアウトドアの主流だったので珍しがられたのかもしれません。街中で着ている人も見かけるくらいで、フラッシュオレンジという明るいカラーもウケたんでしょうね」

ブランド誕生から一年後にはウェーディングギアの開発に着手し、八四年には日本の特徴的な地形である渓流を軽快に歩くためのウェーディングシューズ「ストリームウォーカー」がリリースされた。「ウェーディングシューズは今もまだ完成していません」と話す増田の言葉に、釣りのブランドとしての譲れないポリシーが感じ取れた。

今ではアウトドアウェアには欠かせない防水透湿素材のゴアテックスだが、アウトドアジャケットに日本で初めて採用したのはフォックスファイヤーだった。八七年にリリースされた「オールウェザーパーカ」は当時のアウトドアシーンでは定番だった60/40クロスを使用したマウンテンパーカを、日本の多雨、多湿な気候に合わせてアレンジしたもの。「今では素材から製品開発が始まることは多いですが、当社ではこれが高機能繊維を製品に落とし込んでいく走りでした」と酒井は言う。

ブランド誕生二十五周年にあたる二〇〇七年に、フォックスファイヤーは生まれ変わった。三本のフライロッドをモチーフとした「トライロッド」が新たなロゴマークになり、ブランドステートメントも“True to nature”に刷新された。その翌年にリリースされた防虫衣料「スコーロン」はまさに高機能繊維の製品化であり、ブランドステートメントを具現化したものだった。

「快適に釣りをするために殺虫剤を撒いたり、人間に都合のいいように環境を変えるのではなく、自分の身は守りながら周囲の環境にはなるべく害を与えないようにする。スコーロンの愛用者には釣り人だけでなく写真家も多いのですが、昆虫などの生き物を撮る人が殺虫剤を撒いてその場の生態系を壊してしまったら本末転倒ですよね」

▽僕らの好きな
川を守るために

二〇二二年、フォックスファイヤーブランド四十周年の節目にスタートしたプロジェクトが、理想の川の実現を目指すことを目的とした「R.O.D（River of Dreams）」だ。日本各地の河川・湖沼の環境活動と連携をとり、ティムコの社員も活動に参画しながら、人と人の関わり、人と自然との関わりを促すメディアとして活動状況を発信している。この活動について酒井に胸の内を訊いた。

「ティムコがフライフィッシングスクールを始めた頃は、栄養豊かな海にするためには、いい森を育てないといけないという理屈がわからない人がほとんどだったと思います。でも今は知識として知っている人は増えています。森は豊富な栄養を川に送り出し、肥沃な土と水を下流や海へと運ぶことで平地や海の生命を育て、蒸発した海水は雨となって森を育てる。そういう自然の全体像や循環を特にフライフィッシングは意識しやすいし、うちのスクールではテクニック以上にそういうことを教えてきました。そして今では、かつてうちで学んだ生徒さんたちが、それぞれのローカルで自発的に自分たちの川のために活動をしている。フライフィッシングを日本中に広めることに貢献したのはティムコかもしれませんが、今となっては僕らのほうが彼らから教わることが多いと感じています」

地域の川やそこに棲む魚を守っていくためにはどうしたらいいだろう。その土地土地で置かれた状況や環境が異なるため、すべてに当てはまるベストな答えを出すのは難しいが、今の段階でのベターを見出すことはできる。そのためにこのプロジェクトが目指すのは、R.O.D活動を通じた情報交換の活発化と問題意識の共有。釣りという遊びが、人と自然が共生するより良い未来に導いてくれることを、半世紀以上にわたってティムコは信じている。

OM SYSTEM

釣りだけじゃない魚との関わり方

山や海、岩場、雪の中など、あらゆる自然環境下での撮影の頼れる相棒として長く愛されてきたOM SYSTEMのToughシリーズ。
普段見ることのない水中の鮮やかな世界やそこに棲む生き物の姿を手軽に見せてくれる防水コンパクトカメラ「TG-7」は魚との距離をグッと近づけ、釣り人の新しい相棒になるだろう。

文＝平木理平　写真＝若林輝

「釣り人は魚と距離を置きますよね。僕たちは近づきたいんです、一歩でも」

　東京大学大気海洋研究所で、魚類生態学を専門に渓流などでのフィールドワークを続ける森田健太郎教授は語る。確かに釣り人は上達するほどに魚に気づかれないように釣ろうとするため、魚と距離を置く。魚を〝釣る〟には有効かもしれないが、それだけが人と魚の正しい距離感、関わり方では決してないはずだ。

　では、我々にはどのような関わり方ができるのだろうか？　釣りは確かに人と自然をつなぐ行為ではあるが、全ての人が気軽にやれるわけではない。だからといって、関わることを投げ出してはいけない。大事なのは、どんな関わり方であれ、自然とそこに棲む生き物に関心を持つことだ。

　OM SYSTEMのToughシリーズは、〝撮る〟ことが自然と関わるひとつの方法だと教えてくれる防水・耐衝撃コンパクトカメラだ。二〇一二年のファーストモデルから一貫して、山や海、岩場、雪の中など、従来カメラが苦手としてきたタフな状況でも高画質な撮影を実現させてきた。

　昨年の十月に発売された「Tough TG-7」は、防水十五メートル、防塵、耐衝撃二・一メートル、耐荷重百キログラムフォース、耐低温マイナス十度、耐結露と非常に優れたタフ性能を備えているほか、レンズの先端から一センチの距離まで被写体に近づいて撮影できる、肉眼を超えた驚異的なマクロ撮影システムを搭載する。さらに水中でもマクロ撮影が可能なほか、水深に合わせて最適な色再現ができるように「浅瀬」「標準」「ディープダイビング」と三種類のホワイトバランスが設定された。まさに自然に〝近づく〟ために最適な一台。Tough TG-7で撮影された水中写真を見ると、こんなにも水の中は多様な美しい色で溢れているのかと衝撃を受ける。

　感じたものが思ったままに撮れる。そして、どこにでも持ち歩ける。その両立は、「人生にもっと冒険を」というブランド理念を掲げるOM SYSTEMだからこそ実現できたものだと、OMデジタルソリューションズのマーケティング東アジア部長の清水康雄は話す。

「あらゆる自然環境での撮影に対応したToughシリーズの性能は、一年以上にもわたるシリーズの歴史の中で培われた技術とアルゴリズムがあって実現できるものです。私自身すごいと思うのが、このコンパクトなカメラで深度合成がカメラ内で完了すること。例えば、昆虫などの小さい生物の研究者や図鑑を作っている人たちにとって、そうした生物に〝近づきやすい〟カメラであることと、生物全体にピントが合ってる写真を撮れるカメラであることが重要です。誰もがスマホで写真を撮る時代ですが、アウトドアシーンでこれ以上のカメラはないと思っています。先日、ユーザーの方達と一緒にTough TG-7を用いた渓流のトレッキング撮影ツアーを行ったのですが、多くの方が水の中に入り、自然と触れながら撮影を心から楽しんでいた姿が印象に残っています」

　人間と自然、そしてそこに棲む生き物との隔たりを越えるToughシリーズのオンリーワンのタフ性能と撮影システムは、〝釣る〟だけでなく〝撮る〟ことでも、自然や生き物と関わることができることを教えてくれる。大事なのは、関心を持って自然とそこに棲む生物を見つめること。人と自然の多様な関わり方のひとつの可能性をこのカメラは提示してくれる。

Tough TG-7

坂本麻人監督や森田健太郎教授も水中撮影や生態調査で愛用しているToughシリーズ。「Tough TG-7」は2021年にオリンパスからOM SYSTEMにブランド名が変更されてから初めてのToughシリーズとなる。タフ性能や多彩で高画質な撮影システムといったシリーズ共通の特徴のほか、TG-7では縦位置動画の撮影、持ち手部分のグリップ性の向上、ワイヤレスリモコンにも対応するようになるなど、使いやすさが前モデルから進化している。カラーはレッドとブラックの2色。（写真はレッド）

as when you find

A TROUT in the MILK

ミルクの中のイワナ

ミルクの中のイワナ
A TROUT IN THE MILK

2024年製作 | 70分 | G | 日本

-

企画・制作＝THE LIGHT SOURCE
配給＝一般社団法人 Whole Universe

監督＝坂本麻人

プロデューサー＝坂本麻人、武田俊
共同プロデューサー＝塚田有那
監修＝中村智幸

構成・編集＝坂本麻人

音楽＝DAISUKE TANABE, YOSI HORIKAWA

撮影監督＝坂本麻人
撮影＝田中和也、山口雄太郎
助手＝藤川歩来
水中撮影＝足立聡、知来要、草川城樹
撮影協力＝株式会社フィッシュパス
イラスト＝藤岡美和

プロジェクトマネージメント＝清水聡美
広報＝近藤吉孝、岩本室佳
配給アドバイザー＝塚田誠一
配給マネージメント＝羽田寛士

ミルクの中のイワナ
FILM BOOK

2024年4月5日 発行

-

発行人・プロデューサー＝坂本麻人（Whole Universe）
共同プロデューサー＝塚田有那（Whole Universe）
編集長＝若林輝（RIVER-WALK）
副編集長＝奥田祐也

アートディレクション＝飯田将平（ido LLC）
デザイン＝佐々木晴＋下岡由季（ido LLC）

印刷・製本＝株式会社シナノ・パブリッシングプレス

発行・販売＝一般社団法人 Whole Universe
電話 080-4986-6294

共同販売＝株式会社 RIVER-WALK（トランスビュー取扱）
電話 090-9967-9702

ISBN 978-4-9909159-4-0 C0076

協賛
SOUTH2 WEST8
Foxfire
株式会社ティムコ
OMデジタルソリューションズ株式会社
株式会社フィッシュパス
つりチケ
NPO法人シュマリナイ湖ワールドセンター

協力
株式会社週刊つりニュース
SAKANA BOOKS
RIVER-WALK
TAPES Production
株式会社 矢口プロダクション
法律事務所ZeLo・外国法共同事業
全国内水面漁業協同組合連合会